指尖精粹
法国新闻与传播学辑要译丛
主编 刘 昶

L'espace public　　公共空间

[法]埃里克·达舍 等 著

刘 昶 何 爽 译

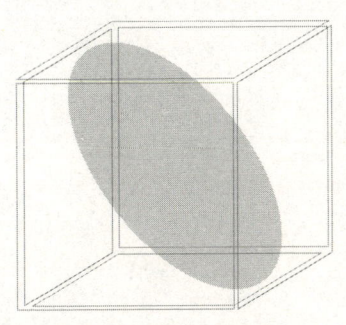

中国传媒大学出版社
·北京·

译丛主编序言

本译丛出版选题由来

《指尖精粹·法国新闻与传播学辑要译丛》所选书目全部出自著名传播学大家、法国国家科研中心（CNRS）传播研究分院（ISCC）院长多米尼克·吴尔敦主编的"赫尔墨斯精粹辑要"系列（LES ESSENTIELS D'HERMÈS）。

在代表法兰西科学研究最高水平的学术机构——法国国家科研中心的框架内，其传播分院所有围绕新闻与传播学展开的科研——无论是传统性的思考或是前沿性的探索，都始终依循"认知·传播·政治"（Cognition·Communication·Politique）的主轴，而各项研究成果的集大成者便是以古希腊神话中的众神使者赫尔墨斯来命名的学术期刊。这本具有国际一流水准的科研出版物每辑按不同主题成集（各辑主题目录详见附二）。

《赫尔墨斯》（HERMÈS）每年出版三辑左右，自 1988 年创刊至今已有近 90 辑问世（其中，与中国有关的分别为第 55 辑《公民团体与中国及东亚的互联网》和第 79 辑《金砖国家：被忽视的空间》，笔者作为该学术期刊的国际编委，忝居此两辑的联合主编之列），总共约请了世界各地近 2000 位国际学术权威为其撰稿，可谓学术硕果累累。而后，编辑部又将原先各辑学术论文中彼此较为接近的主题重新选编修订成册，以袖珍本（口袋书）的形式出版，使得学术选题逻辑从原先的纵向性变成了而今的横向性，从而形成了一套新的主题系列（丛书目录详见附一）——"赫尔墨斯精粹辑要"，读者手中的译作即选自这套丛书。

关于法国新闻与传播学的研究特色

法国的新闻传播的实践与研究自成风格。

不同于美国等西方其他国家的传媒体制,法国的主流媒体常常处于一种悖论境地,即在政治上希望保持独立于政府的编辑方针,而在财政上又因囊中羞涩而不得不依赖于政府的相关补贴。名列全球四大通讯社的法新社,即为例证:作为半官方的新闻通讯社,法新社在法理层面自诩为"独立而不受任何政治、商业或意识形态的影响",但实际上,社长一直由政府任命,运营则通过非公有性董事会管理。

在日常的新闻传播实践维度,法式新闻报道风格也有别于英美同行,或许是新闻价值判断及历史文化差异性所致,法国的调查性新闻报道既无可比肩大西洋彼岸媒体的深刻犀利,又每每着意规避个人隐私。例如,"水门事件"之类的报道及其后果在法国是难以想象的;而对于曾在美国极为轰动的总统与白宫实习生的绯闻,法国传媒界的反应似乎是见怪不怪,不足为奇。

上述传媒制度和报道风格投射到研究领域,自然会产生别样的学理思考,演绎出对新闻传播事业、产业、职业等的强烈怀疑,尤其引发对新闻传播实践中记者的权力、报道的独立性以及媒体的公信力的批判性质疑,相关的学术研究希冀能为所有这些疑问提供科学的答案。

在法国,除了高校相关院系日常开展的新闻与传播学教研工作之外,还有一些专门的学术机构、智库等也在从事新传研究,其中成果最成规模、贡献最为突出的是法国国家科研中心(相当于中国科学院与中国社会科学院的合体)属下的传播研究分院,该研究机构拥有一批享有国际声誉的学者,其学术研究依循五大路径展开:一是语言与传播(Language and Communication),二是政治传播、公共空间与社会(Political Communication, Public Space and Society),三是全球化与文化多样性

(Globalization and Cultural Diversity),四是科技信息(Scientific and Technical Information),五是科学、技术与社会(Sciences, Technologies and Societies)。

显而易见,法国的新闻与传播学的研究范畴更为宽泛,从传统意义上的政治修辞/政治营销、斡旋调停、媒介、受众、仪式、刻板印象、知识生产、心理认知、话语权力、无法传播/传通现象,到经济、科学、体育、音乐与传媒等研究,再到近年来对文化多样性、互联网政治、死亡的物质性/非物质性、全球化、地缘政治、国际关系、健康/环境/城市传播、情报工作、安全政策、数字身份、可追溯性、数据治理、跨学科、网络游戏、算法与公共决策等前沿话题的关注,法国学界的研究旨趣由此一目了然。

在学术观念上,法国新闻与传播学界内部也形成两个最基本的共识,即"没有他者,就没有传播"以及"信息不等于传播"。在法国学者看来,信息是资讯,而传播的本质则在于关系,是关乎21世纪和平或战争的博弈。基于这一认识维度,法国学者进而认为,21世纪的技术革命不是信息革命,而是传播革命,即关系的革命。因为时代问题的关键并不在于如何通过复杂的高新技术分发信息,而是取决于成千上万的用户接受或拒绝信息的条件。著名学者多米尼克·吴尔敦甚至表示:"信息与他者的现实背道而驰。我们曾一直梦想着地球村,而我们重新发现了巴别塔。"

可以说,法国新闻与传播学的研究成果在一定程度上也代表了欧陆相同学术领域研究者们的思想。

简而言之,欧陆新闻与传播学研究与人文社科整体研究的特色较为一致,学术风格带有明显而强烈的批判色彩,与英美人文社科领域日益量化的学术走向迥异。欧陆人文社会科学者似乎普遍比较认同"并非所有重要的东西都是可以被量化的,也不是所有能被量化的东西都是重要的"这一理念,故而在其研究方法上较多地偏重哲学思辨性的质化思维而非量化分析的路径。

关于译丛出版的学术愿景

其实,筹划《指尖精粹·法国新闻与传播学辑要译丛》出版的初衷简单而明了:只是为学界同道提供来自所谓"非通用语""小语种"国家的研究文本译介,并为已然拓展的国内新闻与传播学研究视野贡献些许不同于英美学术的新经验。

然而,众所周知,由于商品化经济的严重影响,当下的学术著作出版十分不易,出版界对于市场因素的考量日益加码,对利润的追逐成为难以摆脱的专业梦魇。本译丛的问世亦好事多磨(曾遭遇了原先应允合作的出版方的改弦易辙),所幸终得益于中国传媒大学廖祥忠校长和中国传媒大学出版社曾白凌社长独到的学术眼光与难能可贵的学术坚持而刊行功成。

一如法谚所云,"结果好就一切都好"。编者真诚地希望《指尖精粹·法国新闻与传播学辑要译丛》的出版能对国内学界相关研究的发展有所助益。

是也为序。

刘昶 谨识
2021年金秋于定福庄

附一 "赫尔墨斯精粹"系列书目(主编:多米尼克·吴尔敦)
(按出版时间由近及远排列)

1.《传播与道路安全》(Communication et sécurité routière)
2.《互联的健康》(Santé connectée)
3.《死亡的(非)物质性》([Im]matérialités de la mort)
4.《猛然一看》(A Vue de nez)
5.《算法与公共决策》(Algorithmes et décisions publiques)
6.《法德之间:无法传通与融合》(France-Allemagne:incommunications et convergences)
7.《政治传播(修订版)》(La communication politique [Nouvelle édition revue et augmentée])
8.《战争、军队与传播》(Guerre, armée et communication)
9.《明天的食物》(L'Alimentation demain)
10.《环境传播》(La communication environnementale)
11.《从别处看郊区》(Banlieues vues d'ailleurs)
12.《漫画与数字技术》(Bande dessinée et numérique)
13.《体育与传播》(Sport et medias)
14.《数字身份》(Identités numériques)
15.《安全政策与数字监控》(Politiques sécuritaires et surveillance numérique)
16.《信息文化》(Cultures de l'information)
17.《城市、建筑与传播》(Ville, architecture et communication)
18.《数字时代的科技信息与传播》(Information et communication scientifiques à l'heure du numérique)
19.《漫画与社会联系》(Bande dessinée et lien social)
20.《增强的人类》(L'Humain Augmenté)
21.《无法传通》(L'incommunication)
22.《乌托邦》(Les utopies)
23.《知识产权》(Propriété intellectuelle)
24.《文化多样性》(La diversité culturelle)
25.《修辞》(La rhétorique)
26.《网络》(Les réseaux)
27.《艺术与科学》(Art et science)
28.《政治营销》(Le marketing politique)
29.《互联网与政治》(Internet et politique)
30.《传媒与舆论》(Médias et opinion publique)

31.《科学与传媒》(Sciences et médias)

32.《互联网是中立的吗?——基于传播学博弈的思考》(La neutralité de l'internet: un enjeu de communication)

33.《互助经济》(L'économie solidaire)

34.《传播》(La communication)

35.《翻译与全球化》(Traduction et mondialisation)

36.《论证》(L'Argumentation)

37.《传播的全球化》(La mondialisation de la communication)

38.《斡旋》(Médiations)

39.《被遗忘的传播学渊源》(Racines oubliées des sciences de la communication)

40.《仪式》(Le Rituel)

41.《信息社会批判》(Critique de la société d'information)

42.《文化共处》(La Cohabitation culturelle)

43.《平民与民粹主义》(Populaire et Populisme)

44.《新闻与传播学》(Les sciences de l'information et de la communication)

45.《知识社会》(Sociétés de la connaissance)

46.《接收》(La réception)

47.《电视》(La télévision)

48.《受众》(L'Audience)

49.《新闻行业》(Le journalisme)

50.《全球化时代的集体身份》(Les identités collectives à l'heure de la mondialisation)

51.《舆论》(L'opinion publique)

52.《政治传播》(Communication politique)

53.《法语国家与全球化》(Francophonie et mondialisation)

54.《公共空间》(L'espace public)

附二:《赫尔墨斯》创刊以来各辑主题(主编:多米尼克·吴尔敦)
(按出版时间由近及远排列)

第87辑:《博识》(L'érudition),2021

第86辑:《音乐与世界》(Autant de musiques, autant de mondes),2020

第85辑:《位于知识核心的传播》(La communication au cœur des connaissances),2019

第 84 辑:《无法传通》(Les incommunications),2019

第 83 辑:《依然并始终存在的刻板印象》(Les stéréotypes, encore et toujours),2019

第 82 辑:《传播学研究新声》(Nouvelles voix de la recherche en communication),2018

第 81 辑:《从传播到外交》(De la communication en diplomatie),2018

第 80 辑:《非学科 30 年》(30 ans d'indisciplines),2018

第 79 辑:《金砖国家:被忽视的空间》(Les BRICS, un espace ignoré),2017

第 78 辑:《位居笔记本和键盘之间的学生》(Les élèves entre cahiers et claviers),2017

第 77 辑:《欧洲国家之间的无法传通》(Les incommunications européennes),2017

第 76 辑:《情报工作:开放社会中的封闭世界》(Le renseignement, un monde fermé dans une société ouverte),2016

第 75 辑:《罗曼语族:10 亿个使用者》(Langues romanes : un milliard de locuteurs),2016

第 74 辑:《感官之道》(La voie des sens),2016

第 73 辑:《争论与传播》(Controverses et communication),2015

第 72 辑:《艺术家:与众不同的研究者》(L'artiste, un chercheur pas comme les autres),2015

第 71 辑:《被传播俘获的 20 世纪(卷 2)》(Le XXe siècle saisi par la communication, vol. 2),2015

第 70 辑:《被传播俘获的 20 世纪(卷 1)》(Le XXe siècle saisi par la communication, vol. 1),2014

第 69 辑:《性爱》(Sexualités),2014

第 68 辑:《他者并非数据:他者性、身体与人造物》(L'Autre n'est pas une donnée. Altérités, corps et artefacts),2014

第 67 辑:《跨学科性:介于学科与无章法之间》(Interdisciplinarité : entre disciplines et indiscipline),2013

第 66 辑:《归类、思考与控制》(Classer, penser, contrôler),2013

第 65 辑:《全球化语境中的太平洋世界》(Le monde Pacifique dans la mondialisation),2013

第 64 辑:《处于专业知识核心地位的研究人员》(Les chercheurs au cœur de l'expertise),2012

第 63 辑:《墙与边界》(Murs et frontières),2012

第62辑:《视频游戏:当玩耍即传通时》(Les jeux vidéo : quand jouer, c'est communiquer),2012

第61辑:《传播棱镜中的博物馆》(Les musées au prisme de la communication),2011

第60辑:《埃德加·莫兰:冒着自由思想的风险》(Edgar Morin, aux risques d'une pensée libre),2011

第59辑:《所谓社交的数字网络》(Ces réseaux numériques dits sociaux),2011

第58辑:《套话》(Les langues de bois),2010

第57辑:《科学网站:自由进路与开放的科学》(Sciences.com : libre accès et science ouverte),2010

第56辑:《翻译与全球化(卷2)》(Traduction et mondialisation, vol. 2)2010

第55辑:《公民团体与中国及东亚的互联网》(Société civile et Internet en Chine et Asie Orientale),2009

第54辑:《漫画:公认的艺术与未知的媒体》(La bande dessinée : art reconnu, média méconnu),2009

第53辑:《可追溯性与网络》(Traçabilité et réseaux),2009

第52辑:《世界上的记忆之战》(Les guerres de mémoires dans le monde),2008

第51辑:《文化多样性的校验》(L'épreuve de la diversité culturelle),2008

第50辑:《传通与创新》(Communiquer-Innover),2008

第49辑:《翻译与全球化(卷1)》(Traduction et mondialisation, vol. 1),2007

第48辑:《被遗忘的传播学渊源》(Racines oubliées des sciences de la communication),2007

第47辑:《公共话语:城邦里的传通》(Paroles publiques, communiquer dans la cité),2007

第46辑:《国际事件与国家视角》(Evénements mondiaux, regards nationaux),2006

第45辑:《知识社会的裂痕》(Fractures dans la société de la connaissance),2006

第44辑:《经济与传播》(Économie et communication),2006

第43辑:《仪式》(Rituels),2006

第42辑:《民众、平民与民粹主义》(Peuple, populaire, populisme),2005

第 41 辑:《社会心理学与传播》(Psychologie sociale et communication),2005

第 40 辑:《法语国家与全球化》(Francophonie et mondialisation),2004

第 39 辑:《数字理性批判》(Critique de la raison numérique),2004

第 38 辑:《新闻与传播学》(Les sciences de l'information et de la communication),2004

第 37 辑:《受众:报刊、广电与互联网》(L'audience. Presse, Radio, Télévision, Internet),2003

第 36 辑:《经济、互助与民主》(Économie, solidaire et démocratie),2003

第 35 辑:《记者还有权力吗?》(Les journalistes ont-ils encore du pouvoir?),2003

第 34 辑:《空间:政治博弈》(L'espace, enjeux politiques),2002

第 33 辑:《法国与海外:文化博弈(卷 2)》(La France et les Outre-mers, L'enjeu culturel, vol. 2),2002

第 32 辑:《法国与海外:文化博弈(卷 1)》(La France et les Outre-mers, L'enjeu culturel, vol. 1),2002

第 31 辑:《舆论:盎格鲁-撒克逊的见解》(L'opinion publique, Perspectives anglo-saxonnes),2001

第 30 辑:《南北关系中的刻板印象》(Stéréotypes dans les relations Nord-Sud),2001

第 29 辑:《嘲笑与争论》(Dérision-Contestation),2001

第 28 辑:《拉丁美洲:文化与传播》(Amérique latine, Cultures et communication),2000

第 27 辑:《"法国地方民主网站"(卷 2)》(www.démocratie locale.fr, vol.2),2000

第 26 辑:《"法国地方民主网站"(卷 1)》(www.démocratie locale.fr, vol.1),2000

第 25 辑:《设备:介于使用与概念之间》(Le dispositif, Entre usage et concept),1999

第 24 辑:《欧洲的文化共处(卷 2)》(La cohabitation culturelle en Europe, vol. 2),1999

第 23 辑:《欧洲的文化共处(卷 1)》(La cohabitation culturelle en Europe, vol. 1),1999

第 22 辑:《迷因:模仿、表征与流通》(Mimesis. Imiter, représenter, circuler),1998

第 21 辑:《科学与传媒》(*Sciences et médias*),1997

第 20 辑:《所有的文化习俗都一样?》(*Toutes les pratiques culturelles se valent-elles?*),1997

第 19 辑:《民主化道路与绝境》(*Voies et impasses de la démocratisation*),1996

第 18 辑:《传播与政治(卷 2)》(*Communication et politique*,vol. 2),1995

第 17 辑:《传播与政治(卷 2)》(*Communication et politique*,vol. 1),1995

第 16 辑:《论证与修辞(卷 2)》(*Argumentation et rhétorique*,vol. 2),1995

第 15 辑:《论证与修辞(卷 1)》(*Argumentation et rhétorique*,vol. 1),1995

第 14 辑:《图像中的公共空间(卷 2)》(*Espaces publics en images*,vol. 2),1994

第 13 辑:《图像中的公共空间(卷 1)》(*Espaces publics en images*,vol. 1),1993

第 12 辑:《寻找公众:接受、电视与传媒(卷 2)》(*A la recherche du public, Réception, télévision, médias*,vol. 2),1993

第 11 辑:《寻找公众:接受、电视与传媒(卷 1)》(*A la recherche du public, Réception, télévision, médias*,vol. 1),1993

第 10 辑:《公共空间、传统与社区》(*Espaces publics, traditions et communautés*),1992

第 9 辑:《更动中的边界(卷 2)》(*Frontières en mouvement*,vol. 2),1991

第 8 辑:《更动中的边界(卷 1)》(*Frontières en mouvement*,vol. 1),1991

第 7 辑:《贝特朗·鲁塞尔:从逻辑到政治》(*Bertrand Russel, de la logique à la politique*),1990

第 6 辑:《个人与政治(卷 2)》(*Individus et politique*,vol.2),1990

第 5 辑:《个人与政治(卷 1)》(*Individus et politique*,vol.1),1990

第 4 辑:《新的公共空间》(*Le nouvel espace public*),1989

第 3 辑:《普通心理学与认知科学》(*Psychologie ordinaire et sciences cognitives*),1988

第 2 辑:《大众与政治》(*Masses et politique*),1988

第 1 辑:《传播中的政治理论》(*Théorie politique en communication*),1988

丛书中文版总序

传播的政治理论基础

无法避免的他者性问题

1. 在各个国家里、在不同的文化背景下，所有的人都在寻求传播和沟通、寻求各种关系和交流，都在寻找爱情和相互理解。进行传通(communiquer)就是实实在在地生活。人们都在观察那些与自己相像的人、那些自己希望与之相处的人。

2. 可惜的是，我们很快就遇到了无法传通/无法传播(in-communication)的问题，(因为)他者(l'autre)没有如约到位。为了寻找相同，我们发现了不同。各种困难亦随之产生。如何解决呢？通过协商或可找到相同点，这也正是我们花时间在做的事情……我们应该避免无法沟通蜕变为厌烦传播/厌烦传通(acommunication)，即蜕变为失败、沉默、死亡。进行传通最常见的做法就是展开协商。进行传通最终意味着为了实现共处需要面对三种体验，即寻求分享、发现无法传通以及进行必要的协商。可能的话，还应避免厌烦传通现象的发生。简而言之，传通活动始终是一种冒险和对赌。如果意识到人们交往中各种表述、偏见、刻板印象等所占的分量，就足以理解相互体谅从来都不是自然而然的，而且多么需要人们的共同努力。

3. 如果说没有信息就没有传通(两者密不可分)，传通活动就更复杂了，因为信息就是讯息，就是沟通，就是关系，亦即与他者的关系。由此，一切都复杂化了。人们必须与他者打交道，才会不再孤单。这尤其是因为信息和传通越多，接收者的作用就越大。但是说到底,传者、讯息和受者很少在同一水平线上。告知讯息并不等于进行传通/信息不等于传播(Informer n'est pas communiquer)。传通中协商的重要性解释了为什么它只有在民主社会才具有现实可能,因为在那里传通活动的主角们是自由和平等的。传通活动始终意味着民主理念中的一种政治价值——以尊重他者为先决条件,这尤其是因为传通总是关联两个维度:一个关乎交换价值的规范性,另一个关乎我们社会必需的功能性。这就是我所说的、总是介于理想和必然之间的"传通活动的双螺旋桨",这解释了传通活动的意义和复杂性。传通活动总是比想象的还要复杂,这就是它不能离开信息而存在的理由。

4.如果没有接收者的话,也就不可能有传通活动。接收者虽然并不总是理智的——事实上亦是如此,但也不能无视它。接收者是他者性(l'altérité)最重要的象征,是传通困难的核心问题。没有人说接收者必须顾及语境和参差不齐,不过,在民主制度的框架内,相互矛盾的观点、辩论和争议等至少可以共存。因此,接收者是信息和传通必要的补充。

信息很重要,它将政治、体制、服务、知识和关系五大向度融为一体。而传通也同样重要,它关涉主导力、传输力、分享力、表达力和协商力等五种与环境有关的因素。

信息的霸道和传通的过度贬值或是目前存在的两座暗礁?事实上,信息与传通二者是密不可分的,它们创造了自由、人与人之间的平等和思想的解放,它们是17世纪到20世纪之间发生的裂变的非凡成果。裂变之巨大,使我们对其空前的重要性、其稀有性或脆弱性都无法估量。我们已经太习以为常了,所以再也看不到其代价及品性了。但不管怎么说,这两个概念与同一个历程——身心解放的历程紧密相连、密不可分。无论在个人关系层面还是社会关系层面,信息和传通的政治含义都是显而易见的。

　　试举一例来说明信息与传通之间各种关系的重要性和复杂性:在以往,信息曾一直是事件、是失和,其中政治性信息是最明显的例子,信息也一直是一种战利品、一种稀有财富;而传通,曾一直是社区和社会的天然联系。但如今,一切都反转了。信息变得无处不在,并成为一种连续的流动,其中最重要的标志就是数据产业的诞生。我们生活在各式各样的信息海洋中。传通反倒变得越来越稀罕和困难。尽管有各种各样的交互技术,但人们之间的相互理解却不再容易了。他者不一定如约而至。信息便利性增加的同时,传通却更加困难了。是啊,如果传通最终也可以像信息一样简单该有多么好……

　　5.随着合作伙伴之间的交流和平等关系的增多,人类传通固有的困难也在增加。而与电话、广播、电视和数字相关联的技术传通的日益成功正是这些困难增加的原因。技术性传通不像人类传通那样复杂,但它速度更快、效率更高,而人类传通总是脆弱和不确定的。技术性传通之所以取得成功,是因为技术更加完善。在处理人类相互理解方面的困难上,技术的交互性功不可没。而理性则是应对社会和文化失序的不二法门。仔细观察这里面的问题,技术性传通的成功与寻求不可名状的人类传通有着令人惊奇的相似性……在技术高效的背后,往往是人们寻求的人类传通。仅举一例即可明白此理:而今智能手机的技术性能令人难以置信,但每天人们最常被问及的问题却是:"你在哪里?"……

　　6.这好歹解释了GAFA,即谷歌(Google)、苹果(Apple)、脸书(Facebook)和亚马逊(Amazon)以及整个数据产业的成功。面对人际关系方面不可避免的困难,技术性的完美胜利培育了一个可观的市场。再加上技术意识形态的强势:从机器人到人工智能和算法,其间还有以传通自由为标志的网络,而这一切都只关乎"流动性和互动性",还没算上人们对某种"平等而万能的""数字社会"的向往,个中,一切或都将归结于连续性,即便是传通活动的前提从来就是间断性和权力平衡。

当前最具紧迫性的挑战是什么呢?回答是传通的去技术化,是重新回归大写的人、回归政治和社会。传通的本质是政治性的,因为在大多数时候,传通就是协商。人们可以在还没有进一步了解彼此的情况下增加交流的次数。他者性问题是21世纪最大的问题。

从根本上而言,一直存在着两种对立的传通观念:一种是大多数人的、技术性和经济性的传通观念,在他们看来,技术和市场催生了新的社会形态;另一种则是我捍卫的、少数人的传通观念,侧重于人文性和政治性。伴随着这两种传通观念,人们最终形成了对社会的两种看法。

我的见解与表象相反,我不认为技术和数字世界是"增强性民主"的同义词。归根结底,传通活动仍然是一个人文和政治的、非技术和经济的问题。传通活动关乎与世界、与他者的关系。交互性并不是相互理解的同义词。要谨防"互动性孤独"盛行;要小心"非合法化"可能会悄然损害"信息"和"传通"这两个概念,"信息"尤其可能会变成"误导性虚假信息"(infox),而"传通"有可能沦为"搞关系"(com);要留意那些令人生疑的夸张表述,过后它们会成为对民主社会基本价值观的攻击;还要谨防文字失去活力,没有文字,人们就无法思考或行动;(最后),也要提防将互联网(如同所有谈论不足的其他媒体)在专制政治中的民主作用与互联网在民主政治中更具争议性的角色混为一谈。

7.伴随"信息和网络革命"而来的全球化导致了社会层面和经济层面的新的不平等,但最重要的是它引发了各种文化身份问题。一个开放的世界是不可或缺的,但前提在于保持各自的文化根源和各自的身份。文化再次成为"互动而理性的无疆界社会"的冲突因素之一,它是缓解"现代性"种种冲击的良方。

对这个矛盾的世界的思考,还必须重视信息和传通在诸种知识理论中的作用。离开了传通活动,位于各种知识(信息、文化、交流、认识)正中心的跨学科性和协商就不可能存在,传通对于思考 21 世纪开放而充满暴力的世界是至关重要的。

8. 这就是我所说的经济世界化(mondialisation)和政治世界化之后的"第三次世界化"。广义上的文化以及各种知识与政治和经济一样是必不可少的。保护各种文化身份以及各种社会差异和认知差异的转向和需要、保护文化与政治之间日益紧密的联系,是没有什么能够阻止的。只要了解当今一些国家为何以及如何重新书写自己的历史,就足以了解文化与政治之间的种种博弈……

他者性和无法传通现象重新回到历史的中心。而当前最大的问题依然在于仇恨他者。21 世纪的挑战是如何在一个开放的世界中和平共处,在这个世界里每个人都能看到一切,所有最终加剧了误解和相互不信任的文化差异都是可见的。长期以来等同于自由和身心解放的传通活动,可以反转并被专权和非自由主义政体独占,传通恢复了其作为权力特权的古老传统。这是多么可怕的倾覆……当代各种例证比比皆是。控制论的世界和数字世界并不完全是太平的。

9. 一个"透明和互动"的世界并不比之前的世界更加和平或更容易理解。文化多样性是一种事实,但经常是以激烈的方式让人们接受的。建构既尊重不同的文化身份又尊重共识价值的文化共处,渐次成为无法回避的政治愿景。其重要性何在?在于可以避免割裂和社群主义。而尊重文化多样性的首要条件又是什么呢?是保留由各种合理化和文化控制环绕的语言多样性。这种变化至少与生态变化一样引人注目。

与生态相伴,就必须学会与大自然和动物们共处。而与传通相伴，就必须学会与所有的人、与不同的社会、与文化多样性和他者性共处，但这更复杂、更困难，因为人们说长道短、互不信任，而最常见的还有相互对立。简而言之，与自然和动物们和平相处比与人和平相处要容易得多。否认文化多样性的政治影响也就是否认他者性的价值。

传通与文化多样性究竟是怎么回事？它们是21世纪初最关键的政治问题之一，关乎和平还是战争，因为发动战争的不是机器人，而是人和社会。因此，21世纪最大的问题在于他者。当一切或几近一切分离我们，甚或使我们对立的时候，我们又如何和平共处，如何进行协商呢？

10.欧洲是无法传通获得成功的首个范例。欧洲人凡事都难以达成一致，什么事情都要反对，然而他们仍然待在一起。无尽的协商能够带来妥协，能够赋能外交和建构共处。在此，我们重新发现了传通中协商的政治定义："当人们无法达成一致的时候，就发明了各种协定"。每天，27个欧盟国家几乎在所有事情上都意见不一，但却能够以民主的方式做出决定，这是一个在其他任何地方都不存在的历史奇迹。为什么欧洲人从不为此感到自豪和高兴？如果欧洲这种"无法传通的胜利"是一种成功经验的话，或可推广到其他大陆。

取得传通第一场胜利的是欧洲吗？所有关乎身份、与他者的关系、疆界、文化多样性、协商、无法传通和共处等的问题，都已被欧盟提出来并正在讨论之中。这一世界上最大的政治、和平与民主的策源地将传通置于政治生活、社会生活以及文化生活的中心。

多米尼克·吴尔敦
国际传播学期刊《赫尔墨斯》暨《赫尔墨斯精粹辑要》主编
2021年7月

目 录

概论　公共空间：民主的核心概念　/001

传媒公共空间的悖论　/024

公共空间和传媒：一个新的时代？　/051

话语的空间　/072

公共空间与经济领域　/085

共同空间或公共空间？共同体与公开性之对立　/100

概论
公共空间：民主的核心概念

什么是民主？答案是："民有、民治的政府就是民主！"当然，这个源自希腊语的词汇，是由"人民"（dêmos）和"治理"（cratein）两个部分组成的。除此之外，这个词还有其他什么含义呢？"民主"还是一种理想，如雅克·朗西埃① 所言，这是一种追求平等和自治的理想，民主体制中的每个人可以行使权力，且不受阶级、种族、宗教或者知识限制，就像古代社会以抽签方式选择政府的做法。② 然而，民主所追求的这一理想，却从来没有实现过，而是出现了代表制选举方式、

---

① 雅克·朗西埃（Jacques Rancière, 1940—）：法国哲学家，路易·阿尔都塞的弟子,曾任巴黎第八大学哲学系主任。——译注
② Ranciere, J., *La Haine de la démocratie*, Paris, La Fabrique, 2005.

分权理念、法治国家等具体的制度和规则，换言之，"民主就是程序，即在代表制形式下，由被统治者驾驭、指定和认可统治者的程序"①。但是，民主也是一种特殊的政治制度，其标志是在公民社会和国家之间建立一个调解空间，这个调解空间通过彼此冲突的辩论促进舆论的产生。这个在各种专权政体中不存在的空间就是公共空间——本书所致力于解读的核心概念。

公共空间的概念引起了许多难题。第一个难题竟然来自这个概念所受到的普遍欢迎，研究者们利用它来了解社会生活，但是，相关研究工作成果反过来又被社会行动者用来改变社会现实。试举一个例子：1999年，欧洲委员会在起草《治理白皮书》②的时候，专门设立了一个名为"欧洲公共空间"的分委会，其具有实质性和象征性影响力的决定改变了关于现实的分析。由此可见，使用这一概念时，在公共层面和学术层面的理解

---

① LECA, J.,《La question démocratique》in DAMAMME, D. (dir.), La Démocratie en Europe, Paris, L'Harmattan, 2004.
② 《治理白皮书》由欧盟委员会撰写，内容是围绕未来关于特定领域的主要行动方针（如欧盟治理、传播政策等）的介绍。

概论　公共空间：民主的核心概念

差异已经超过了传统意义上的偏差，其意义的交错混杂有目共睹。对社会行动者和研究人员而言同一个术语虽具有不同的含义，但在某些方面，如非家庭的所有空间、公众聚集的现实地点、开展政治辩论的媒体空间、遵循公示原则的民主团体等方面，含义有重叠的部分。第二个难题与前一个紧密相连，表现为公共空间概念的模糊性。首先，这个词既反映了一个具体的历史社会现实，也指向民主生活的规范性概念。[①] 其次，它表征了一个独特的概念，并体现在极其多样的现实中，如体现在电视、公共场所等现实存在中。这种双重的模糊性解释了众多的研究人员质疑这个概念的原因：有些研究者，例如布尔迪厄等，他们并不赞同自由主义的价值观；还有一些研究者怀疑公共空间存在的具体性和历史性。尽管有这些批评，公共空间的概念还是在整体上滋养了社会科学和人文科学。这使得就这个主题进行跨学科的

[①] 公共空间这一概念在作为具体的历史进程的参照（国家与公民社会缓慢的分离过程）的同时，也在理想主义层面表征了一种特殊的理念——民主的理念。因此，公共空间既是描述性的，也是规范性的概念，换言之，既是一种现象，也承载着民主的特性。

对话成为可能，但同时也产生了许多不理解，因为从一门学科到另一门学科，该概念的意义都略有改变，以至于历史学家、建筑师或者哲学家在谈论公共空间的时候，表达的意思并不相同。因此，在此有必要来界定一下公共空间，以便于理解和评价，而不是强加给公共空间某种意义——某种所谓合理的意义。

公共空间概念溯源：来自康德

在本书中，我们对作为民主基础的公共空间感兴趣。基于"政治共同体"的概念，这种公共空间指代的不仅是某种社会联系——某种与特殊的文化群体之原始互助性有关的联系，比如布列塔尼的某个村落里存在的联系，而且也意味着建立在更高一级的凝聚力（属于不同文化群体的个人之间，例如法国这样的民族国家）之上的社会联系。关于公共空间概念政治含义的解读可以在1784年康德的两篇文章中找到。在其《基于世界主义的通史观念》（*Idée d'une histoire universelle au point de vue cosmopolitique*）中，康德断言，"对于人类（作为地球上唯一理智的创造者）而言，以理性为目的的自然意向只能在物种中完全发展，而不是在个人中"。因此，为了达到"自然的最高设计"，即建立"完全公正的公民宪法"，人们必须能够自由地和同胞公开谈论。这就是他在《对何为启蒙运动之回答》（Réponse à la question, qu'est-ce que les Lumières）一文中所坚持的论点。事实上，个人"无法从少数人群体中独自剥离出来……反之，公众得到自我启发的可能性更为现实；只要公众被给予自由，这一可能性几乎是不可避免的"。公众使用这种理性会使人们"逐渐摆脱粗俗"，这不仅会对"民众变得能够更加自由行动的心愿产生影响，而且最终还将影响政府的各项方针……"源自启蒙运动的现代公共空间或将成为国家与私人领域之间的斡旋空间，而公民则可以在此空间里公开地商议政治问题。

哈贝马斯：关键人物，但颇受质疑

哈贝马斯的名著《公共空间》[①] 中有下列四个受到批评的观点。

1. 对公众特点的批评。根据哈贝马斯的见解，公众是由彼此平等的个人组成的，他们在一起就公共利益展开辩论。伯纳德·佛洛里斯（Bernard Floris）对此见解提出了异议。佛洛里斯认为，"由个人身份组成的公众自始至终都是通过协调生成的"，这种协调可以是制度性的（如通过家庭、企业、协会等途径），也可以是传通性的（如利用电视、传播机构、民调研究机构等平台）。而另一位学者南希·弗雷泽（Nancy Fraser）则从社会地位的差异性以及信息获取方面的不对等性的角度，指出了人们之间平等对话是不切合实

[①] HABERMAS, J., *L'Espase public*, Paris, Payot, 1978 (1re éd. allemande, 1963).

际的。① 在弗雷泽看来，这种自由主义的公民观与基于共和理念的观点是相悖的。因此，公民权不是自由和平等的个人通过选举的方式来行使将公共事务委托给代表们的一种权利，而是共同体中每个成员必须为所有人的利益行事的义务。

2. 对私人生活与公共空间分野以及公共空间与国家分野的批评。哈贝马斯认为，中产阶级性质的公共空间是私人讨论公共事务的舞台。然而，此定义遭遇的问题在于公共空间和私人生活各自的特征是什么。例如，难道婚姻暴力属于私人事务的理由就是婚姻暴力发生在家庭领域，或者是婚姻暴力必须成为公共事务才能出台法律来保护受害者？显然，南希·弗雷泽倾向于后一种理由，这意味着私人领域和公共空间之间的界限必然是可渗透的，因为一个公共事务的存在无法事先推定；商议者们之间有一个协议："只有参与者自己才可以决定什么是（或什么不是）他们共同的关切。"同样，国家和公民社会的分野也并非哈贝马

---

① FRAZER, N., "Rethinking the Public Sphere" in CALHOUN, G. (dir.), *Habermas and the Public Sphere*, Cambridge Mass., MIT Press, 1992.

斯认为的那样明晰，一如历史学家杰夫·伊利（Geoff Eley）和哲学家迈克尔·沃尔泽（Michael Walzer）① 以不同但又互补的方式来看待国家与公民社会，他们认为，国家选择的规制方式影响着公共空间的构成和功能。

3. 对通过理性传通建立普适性规范共识可能性的批评。相关批评大致有三类：第一类涉及理性传通的概念，例如，伊丽莎白·冯·诺伊曼（Elisabeth Von Neumann）指出，在一定条件下，社会压力可能导致公民无法在公共空间表达自己的意见；② 第二类批评与理性有关，沿着哈耶克（Hayeck）③ 思路前行的新自由主义者认为，人的理性受情感和认知能力的限制，因此无法抵抗当今社会的复杂系统。而另有学者依据一项关于民

---

① WALZER, M.,《Sauver la société civile》, *Mouvement*, no 8, 2000. ELEY, G., "Nations, Publics and Political Cultures" *in* CALHOUN, G. (dir.), *Habermas and the Public Sphere*, Cambridge Mass., MIT Press, 1992.

② NOELLE-NEUMANN, E., "The Theory of Public Opinion. The Concept of the Spiral of Silence", *Communication Yearbook*, no 14, 1991.

③ HAYECK, F. VON, *Droit, législation et liberté*, Paris, PUF, 1986.

主的系统分析,提出了自己的看法,认为社会由许多自主的、不靠人们的政治意愿驱动的子系统所组成,这些子系统通过彼此之间的相互作用而实现自我调节;① 第三类批评是基于主体间性建立规范的要求。事实上,正如保罗·利科(Paul Ricœur)指出的那样,如果理性之外的规程不起作用的话,参与者的坚定信念又如何可能成为实在的呢?②

4. 对作为单独的、唯一存在的中产阶级公共空间的批评。哈贝马斯曾经描述过一个"中产阶级性质的公共空间"的诞生过程,在他看来,这是一个追求普遍意义的商议性范畴,但在实践层面却是保留给"能识字的公众"的。奥斯卡·内格特(Oskar Negt)认为,如果中产阶级性质的公共空间以体现公共利益作为天职的话,那付出的代价就会是上升到脱离公民多重具体经验的抽象概括性层面的。更何况,哈贝马斯的前任科学助理还曾强调过,对工薪阶层固有的掠夺和限制

---

① LUHMANN, N., *Political Theory in the Welfare State*, New York, Walter de Gruyter, 1990.
② RICŒUR, P., *Soi-même comme un autre*, Paris, Seuil, 1990.

基本上与每个人的工作经验同步。这就是内格特会基于巴黎公社、德国革命和"工人委员会"等历史事件,创造出与中产阶级的公共空间相对立的"无产阶级的公共空间"这一概念的缘由。上述批评早在 1972 年就已经被提出,但是在 20 年后的 1993 年才被译成英文,这些尤见于英语文献中的批评意见丰富了关乎"反公共区域"(Counter-Public Sphère)概念的整个研究传统,而今在法语中这一概念被翻译成"对立性公共空间"(espace public oppositionnel)①。

哈贝马斯吸纳了这些批评中的大多数意见,并承认"平民公共空间"的存在。②然而,在其《在事实与规范之间:关于法律和民主法治国家的商谈理论》一书中,哈贝马斯保留了自己的本质论点:"现实生活的世界"能够产生使法律合法化的"传通权力"(pouvoir communicatioinnel)③。

---

① NEGT, O., *L'Espace public oppositionnel*, Paris, Payot, 2007.
② HABERMAS, J., *Droit et démocratie*, Paris, Gallimard, 1997.
③ HABERMAS, J., *Droit et démocratie*, Paris, Gallimard, 1997.

事实上，正如他完美解释的那样（《在事实与规范之间：关于法律和民主法治国家的商谈理论》第七章），哈贝马斯关于商议式民主的观点（以及对政治公共空间的看法）是以下三种民主理念的综合体现。

第一，聚焦个人权利的自由主义理念。所有的观念都是等值的，而且是必须受到尊重的。因此，为了避免有人将自己的想法强加给别人，公共空间必须是保持中立的。它不是公开辩论的场所，而是将各种个人意见集中在一起，并成为所有人能够理解的公共舆论的空间。

第二，基于政治参与义务的共和主义理念。每个公民都可以并且必须通过投身公共空间的方式来界定公共利益。人人参与有助于增强民主。

第三，与系统论相关的理念。这一理念着重于将当今复杂的社会分成独立于公民个人且可以自我调节的多个子系统。每个子系统都是自生的①，都遵从于一个不同于其他系统、与其他系

---

① 这里的"自生"一词，源自希腊语，原为"创造""生成"之意。一个自生系统意即一个根据自身逻辑而自我生成与自我发展的系统。德国社会学家卢曼认为，自生系统（如经济系统）并不顺从其他系统（如行政系统）的逻辑。

统分离的逻辑（例如利润逻辑将经济系统区别于行政系统）。

这三种理念不一定是相辅相成的，而哈贝马斯则分别借鉴了每一种理念。公共空间是一个将自治范畴（国家系统、经济范畴、公民社会等）联系起来的协调性空间，它为受到法律保护的公民参与界定公共利益提供了可能性。根据哈贝马斯的见解，政治公共空间"不能被理解为一种体制，当然，也不能被认为是一个组织……"公共空间并不会形成一个系统；相对于外部而言，公共空间承认内部存在的各种边界，但公共空间具有开阔的、通透的和活动的境域特征。在这些通透的边界内，"立法的民主过程是这样设计的，即公民将传通和参与的权利作为公共物品的一种用途，人们可以要求公共物品具有这种用途，但不能通过法律手段来强取"。

20 世纪另外两位重量级学者（阿伦特和桑内特）的贡献

除了哈贝马斯之外，还有两位学者关于公共

空间的不同观点也经常被引用：一位是汉娜·阿伦特（Hannah Arendt），另一位是理查德·桑内特（Richard Sennett）。后者在其 1979 年出版的《私密性的种种专横》（*Les tyrannies de l'intimité*，1979）一书中，提到了私人生活和公共空间之间界限模糊不清的问题。这位英国社会学家描述了一种公共生活的式微导致的、以只在乎外表和激情掌控为特征的城市独有的社会性，这使得私密情感公开化。相对于一个非个人关系普遍化的工业社会，而今只有一个合法的模式——个性化的、真诚的关系模式或将得以升值。换句话说，桑内特认为，公共空间或将越来越多地在私人空间的模式上塑造，对政治家理念进行评价的做法或将会越来越少，而对其心理特征的解析则将成为人们评价政治家的基础。四处可见的私人生活最终将把个人推向"摧毁批判精神共同体"的专横境地。桑内特担心的正是未来公共空间被受到人们爱戴的独裁者们征服，而独裁者们被人爱戴的理由则在于其职业活动、直率性格及超凡魅力。事实上，桑内特所唾弃的是众多理性个体在情感共同体中的融解和礼仪的终结。他认为，"礼仪是保护他我中的自我的活动，也是允许自己享受他人陪伴的活动……礼仪就是把他人当成陌生人，就是与他们一起建立这种尊重原始距离的社会纽带"。

汉娜·阿伦特也质疑公共与私人的模糊界限，只不过她是基于对历史的分析，即基于对古代公共空间的分析。阿伦特认为，公共空间并不像哈贝马斯所说的那样产生于18世纪，而是产生于更早的两千多年前的雅典。在其《现代人的境况》一书中，哲学家阿伦特描述了雅典民主，在那个时代，公共空间和政治空间完全一致，都与私人空间相对立："至少是从古代城邦出现以来，私人生活对应家庭范围，公共生活对应政治范围，这两者有着完全清晰和明确的区别……"因此，对于阿伦特来说，存在两个截然不同的区域：一方面，家庭生活与必需品相联系，在另一方面，与政治生活相关的是自由的范畴。然而，这位哲学家认为，经济问题和薪酬问题侵入公共事务领域——社会问题的出现——标志着必需品对自由的影响越来越大，民主的式微也越来越严重。此外，不同于哈贝马斯的另一点在于，汉娜·阿伦特把政治活动定义为城市中发展起来的人与人之间的关系，一种协调一致的联合行动，这种联合行动不是为了理性而是为了形象化表现，更多地是为了自我表现而不是为了辩论。从这个角度讲,公开一个事实并不是一个纯粹抽象的、象征性的行为,而是一个敏感的、具体的行动。公共空间不是一个理论概念,而是一个具体化的空间,一个具有可见度的场所。在这个空间里,行动、言语和行为主体能够通往自己的真实存在,从而接受公众的评判。

公共空间定义的相关思考

将哈贝马斯、阿伦特和桑内特的研究工作综合起来考虑,我们可以给公共空间下个定义,它同时包含以下二个方面。

1. 是政治合法化的场所。通过公共空间,公民可以获取信息,能够互相辩论并形成某种民意,可以选择行使政治权力的人。通过公共空间,公民不仅感觉自己是权利的接受者,而且感觉自己是这种权利的发起者。

2. 是政治共同体的基础。公共空间是一个具有象征意义的空间——一个能够将属于不同宗教群体或种族群体的个人相互联系起来,以形成一个共同的政治群体的空间。

3. 是政治人物亮相的舞台。在公共空间里，政治人物登台亮相；在公共空间里，公共问题变得透明而敏感。

上述定义假设公共空间并不限于其体制性维度。公共空间不是一个机构，而是一个向所有人开放的潜在空间；它不是一个非历史性的数据，而是一个处于变化过程中的社会建构。上述定义强调了公共空间内在的脆弱性特征，因此，欧洲一体化建设有可能失败或者消解。另外，公共空间是一个场所，在那里人们处理与集体有关的问题，在那里与公共事务相关的针锋相对的看法得以表达，决定公共事务不是权力机构独享的专权。公共空间是一个想要包罗万象的空间，但它是不平等的，因为不是每个人都可以进入这个空间。在公共空间里面相遇的个人和集体组织不仅利益不同、政治能力不同，而且社会地位亦不相同。再者，公共空间的概念假设社会行为主体并不是完全受束缚的，他们具有一定的自省性批判能力。还有，公共空间有助于在一定程度上调解社会民情，通过传通活动来取代有形暴力（violence physique），尽管有形暴力还包括某种形式的符号暴力（violence symbolique）。

《赫尔墨斯》：做出开创性贡献的学术期刊

法国传播学期刊《赫尔墨斯》（Hermès）在公共空间概念的理论研究和传布方面一直扮演着重要角色。首先，它在20世纪80年代末将公共空间的概念引入了法语学术圈，而美国社会科学领域真正对这个概念产生强烈的研究兴趣则要到90年代。《赫尔墨斯》于1988年出版的创刊号《政治理论与传播》（Théorie politique et communication）上，刊登了皮埃尔·利韦（Pierre Livet）和普利尼·普拉多（Plinio Prado）合写的一篇学术论文，从批判性视角对哈贝马斯的理论进行了研究。之后出版的第2辑刊物聚焦大众与政治之间的关系，对公共空间提出了全新的解读：公共空间是一个带有局限性的、受到规制的、平和的协调机构，能够管理大众民主社会中大量诉诸强制的行为。到了1989年，在新的一辑题为《新的公共空间》（Le nouvel espace public）的期刊中，许多位各有特点而又享有盛名的学者，如勒内·布东（René Boudon）、阿兰·图海纳（Alain Touraine）、让-吕克·帕洛迪（Jean-Luc Parodi）、伊莱休·卡茨（Eliu Katz）以及《赫尔墨斯》创刊人多米尼克·吴尔敦（Dominique Wolton），还有与哈贝马斯论点相近的哲学家让-马克·费里（Jean-Marc Ferry）等一同撰文，将公共空间的概念持久地植入了法语社会科学界。迄今为止，《赫尔墨斯》至少出版了3辑完全致力于公共空间问题研究的专辑。① 这本学术期刊通过发展批判性研究使公共空间的概念变得明晰：在1992年出版的《赫尔墨斯》第10辑《公共空间、传统与社区》（*Espace publics traditions et communautés*）中，学者们明确了公共空间、政治领域和共同空间的区别，这一学术研究成果至今依然具有现实意义。而在1994年出版的《赫尔墨斯》第13—14辑合辑《图像中的公共空间》（*Espaces Publics en Images*）中，学者们通过展现

---

① 即《赫尔墨斯》于1989年出版的第4辑《新的公共空间》、1992年出版的第10辑《公共空间、传统与社区》、1994年出版的第13—14期合辑《图像中的公共空间》，以及2003年出版的第36辑《经济、互助与民主》（这一辑差一点取名《互助经济与公共空间》）。

图像在现代民主国家的结构性作用，让人从通过电视接收的观念中抽身。此外，通过每一辑中关于公共空间主题的经验研究，《赫尔墨斯》促进了对先前关注较少的专题之研究，例如《赫尔墨斯》第 36 辑围绕互助经济（Economie solidaire）的研究。

目前关于公共空间的研究

当然，目前关于公共空间的研究非常多样化，已经超越了《赫尔墨斯》期刊拓展的范畴。我们可以把当代关于公共空间的研究工作分为两大类。

第一类是理论研究，即对标公共空间概念的研究。在这一范畴中，讨论都紧紧围绕哈贝马斯、阿伦特和桑内特所捍卫的论点，不仅关乎欧洲公共空间或全球公共空间存在的可能性之探讨，而且还涉及对民主公共空间机制性和媒介化的功能障碍的思考，抑或对虚拟公共空间存在的可能性之理论的怀疑等。在一篇屡屡被引用的论文中，安迪·史密斯（Andy Smith）对这类研究方法提出了批评，他认为，这类研究方法更多地基于意识形态的考量，而不是仔细观察实地的情况。但也有人认为,"这些悬在半空中的观点"有助于保持一定的距离,为思考21世纪的民主提供有效的理论工具。

第二类是经验研究,也就是实地研究。在大多数情形下,这意味着这样或那样的理论建构与事件真实性的冲突。在这一范畴中,相关研究集中于公共空间里的集体动员、不同媒体的政治辩论分析、对参与式民主机制的观察等。这些研究有助于厘清公共空间的概念,并将其牢牢植根于日常生活的现实之中,但同时关注其独特性,这些研究在有助于确定结构剧变的同时,并没有将公共空间提升到普遍性层面。在"太轻飘"和"太脚踏实地"的研究方法之间,或许存在着一个中间地带,但似乎很难被找到。

本书观点之间的啮合性

来自社会学、哲学、政治学或传播学方面的科学研究的多样性并不会简化本书对《赫尔墨斯》期刊已发表的文章的遴选工作。要在《赫尔墨斯》多年以来发表的60多篇相关文章中筛选,不是一件容易的事情。为了帮助我们做出决定,本书的

概论 公共空间：民主的核心概念

遴选工作综合了三个标准：一是挑选在法语世界中被高频次引用的关于公共空间的学术文章，以保证所选文章的科学水准；二是论文是否能够被当下的读者理解（我们摈弃了许多研究电视节目的文章，因为这些电视节目已经消失很久了）；三是研究方法必须是多样性的（从不同期的《赫尔墨斯》挑选文章）。这些标准不是苛求编辑的客观性或完整性，而是想要契合这套丛书的初衷：直接提供第一手的科学知识，以便建设一个有利于拓展未来科学研究的理论"大本营"。因此，本书最后选择了5篇文章，并通过删除某些段落和修改小标题的方式，重新修订了文章。基于学理性方面的考虑，本书选择了难度递增的方式来呈现这些文章。第一篇文章由法国社会学家多米尼克·吴尔敦（Dominique Wolton）撰写，他是法国最早以不同于马克思主义的观点来发展公共空间概念的学者。① 他的具有现实性的相关综述凸

---

① 例如，他与米思卡合著的《民主社会中的电视》，伽理玛出版社，1983年；《伟大公众之颂歌》，弗拉马里翁出版社，1990年。
前一部著作是最早将公共空间的电视置于相关分析中心地位的研究成果。——译注

显了媒体公共空间的模糊性。媒体公共空间在有助于平和地管理"大众化个人主义社会"的同时,也产生了一些可能会破坏民主的、事与愿违的结果。吴尔敦这一批判性的分析在彼得·达尔格伦(Peter Dahlgren)的文章中得到了补充,达尔格伦对公共空间与媒体之间的联系提出了不同的解读。与哈贝马斯的观点相左,这位瑞典学者并不同意哈贝马斯为公共空间被商品(经过媒体)殖民感到悲哀的看法,达尔格伦以非常丰富的盎格鲁-撒克逊文学为依据,证明公民们生产意义的能力是非常强大的,这是传媒不曾预料的。但是,当代公共空间并不局限于大众传媒。诚如人们所见,公共空间不仅仅是一个象征性空间,它还是一个政治交流和会面的实体空间。[1] 这些社会互动——像特瑞·帕戈(Thierry Paquot)在第三篇文章中言及的一样——可以在报刊和咖啡馆中见到。在19世纪中叶,咖啡馆的数量多达50万家。社会互动是意见辩论的激情扩音器——将理性和情感紧密地混合在一起。但是这些互动不是通过对话,而是通过具体的政治举动(如集会、游行

---

[1] ION, J., *L'Engagement au pluriel*, Saint-étienne, Puse, 2001.

概论　公共空间：民主的核心概念

等）或社团激进主义等的持续参与来体现。第四篇由伯纳德·佛洛里斯（Bernard Floris）撰写的文章提到了这一点，他在"互助经济"的概念中，借助激进性举措（如公平交易、本土交易系统等诉求），研究公共空间和经济领域之间的关系。本书最后以艾蒂安·塔森（Etienne Tassin）的一篇哲学文章作为结尾。他明晰了"共同空间"（espace commun）和"公共空间"（espace public）的不同：前者通过让同一共同体的成员建立联系将他们聚集在一起，后者将不同共同体的成员联系起来（而没有在成员之间），从而建立一个政治共同体。这位哲学家还提醒人们，没有距离就没有民主。本书有助于读者对当代民主的"恶魔幻想"或"天使表象"保持一定的距离以进行批判。

作者：埃里克·达舍[①]

---

① 埃里克·达舍（Eric Dacheux），法国帕斯卡尔大学（克莱蒙费朗大学）传播系主任、教授。

传媒公共空间的悖论

民主体制需要有一个可以讨论当下热点问题的公共空间存在。这个与"公开性"原则和"世俗化"原则密不可分的象征性领域，是民主运作的结构性前提条件之一。而大众化民主导致了更多的参与者针对更多的话题发声。在民主化的推进与传媒角色的增强这二者的共同作用下，公共空间得以扩大。鉴于公共空间在功能上和规范上与传媒的作用紧密相连，当代公共空间也可以被称为"传媒公共空间"。

相对于18世纪和19世纪的人们，今天的人们更有必要准确地评估公共空间①这个概念涵盖的内容，以理解民主的真谛。述者多年来一直在思考当代公共空间的学理特点，特别是媒体在公共空间中的作用。

述者曾在其他学术作品②中强调过，传播和大众化民主并不矛盾，相反传播是回应民主理念

---

① 关于公共空间的概念，可以参见如下出版物：《新的公共空间》（《赫尔墨斯》第4辑），法国国家科学院出版社，1989年；《大众与政治》（《赫尔墨斯》第2辑），法国国家科学院出版社，1988年；《个人与政治》（《赫尔墨斯》第5—6辑合辑），法国国家科学院出版社，1990年。这些出版物辑录了大量的相关书目和论文篇目。

② 最新发表的一些研究成果来自哲学、政治学、历史学、社会学等研究，分别聚焦民主、表征、舆论、个人与群体的关系、传播的作用、国家的认知等现实问题，这些成果对重启公共空间的相关思考起到了促进作用。然而，关于公共空间问题意识建构的清晰思考还甚少，过些年，相关书目将会变得丰富。但就目前实情而言，一方面是对公共空间的思考比起30年前要常见得多，另一方面则是对公共空间的理论思考及其社会意义的分析仍十分有限，二者之间存在着明显的差距。本人在这方面的学术贡献可见于：《新公共空间》（见《民主社会中的电视》第9章，伽利玛出版社，1983年）；《电视、社会联系与公共空间》（见《大众颂辞》，弗拉马里翁出版社，1990年）；《新疆界、时间、他者与历史》（见《战争游戏：战争与信息》，法国弗拉马里翁出版社，1991年）以及《大众化民主中的政治传播》（见《危机与现代化》，法国国家科学院出版社，1991年）；《政治传播：一个模式的建构》（载《赫尔墨斯》杂志第4期，1989年）；《传媒：政治传播的薄弱环节》（载《赫尔墨斯》杂志第4期，1989年）。

的一个结构性前提。在本篇文章中，述者有意考察一下关乎广泛的、具有大众化民主特征的公共空间运作的一些矛盾。因为，与其分析公共空间出现后的功能障碍，还不如质疑公共空间的作用和地位。

让我们先来回顾一下传媒公共空间的特征：在公共空间里，具有象征意义的联系比真实而具体的联系更为重要。它指的是一个开放的、城市化的社会，无论在工作维度还是在消费模式维度，社会关系都以个人价值的强力提升为标志。但公共空间还有另外一个标志，即在工作、消费、休闲和教育诸方面以大众的组织性为标志。当代社会的主要矛盾及利益在于管理这两个相对立的方面。在《大众颂辞》（*Eloge du Grand Public*）一书中，述者曾言及"大众化的个人主义社会"，以强调如后两个维度之间的对立：其中一个维度是优先考虑促进个人表达、个人属性和个人自由的所有因素——而非其他因素，而与此同时的另一个维度则是在经济、政治和文化方面都是以大多数人为基础的社会。解决这一矛盾需要一个广泛的、媒介化的公共空间的存在，以使所有这些以双重取向为特点的固有矛盾不至于太激烈。

传媒公共空间是一个（有时候甚或是唯一的一个）具有象征意义的场所，现时的社会矛盾能够在此得到处理。

传媒公共空间也是报刊和视听媒体发挥信息与传播的重要作用的一个空间，这不仅因为媒体数量众多、思想自由、彼此竞争，而且政治场域的扩大还使媒体在信息的制作和传播方面发挥了核心作用。所有开放的社会都必须有一种与他者关联的方式：这正是信息的功能，即一个疆界不断扩展的世界的叙事，但同时也是一个关于十分特殊的、更加缩减的——一般而言是全国性的——共同体的叙事。所有的社会只有保持自己的身份属性才能够相互开放。传通（communication）和认同并不是对立的，而且在本质上是相连的。传通可以使来自世界各地的越来越多的信息传播成倍增长，原因仅仅是存在同时接收和解读这些信息的有限社群。

最后，公共空间是一个以各种民意调查为标志的空间。舆论的常态化表征是由不同的民意调查建构的。大众化民主是公共空间扩大运作的前提条件，它包括两个方面：一是来自媒体的关于事件的信息，二是来自民意调查的信息。人们通过处理信息自由及多元化、个人价值的维护以及以一定数量的成员和标准化为标志的社会这三项常常相互矛盾的参数,来发现大众化个人主义社会的各种特征。

在此,述者对传媒公共空间的十个悖论现象展开考察。

关于事件专横性的悖论

第一个悖论是时间的所有标尺都"缩减"成了事件的标尺。这俨然属于新闻的强权性(impérialisme)、瞬时的强权性和现场直播的强权性之现象。信息的持续时间毫不夸张地被缩减成了瞬时,媒体只在乎突发事件。信息的辉煌成就意味着社会的双重变化带来的后果:一方面是与民主的胜利相关联的政治领域的扩大,另一方面是在信息的生产、传播和接受层面上显现的难以置信的技术进步。所有的难题都来自这一政治与技术的双重变化,二者之间显然不是没有关系的。信息方面的技术变化使得公民们有可能通过尽快地、尽可能全面地知晓正在发生的事情(几乎在任何地方都能够直播）来实现自己最为大胆的梦想。

　　结果又将如何呢？直播在昨日还是信息发布追求的愿景，而今却成了日常生活中的面包——家常便饭。对于电视新闻频道而言，这种大幅度变化之影响是十分明显的，因为现场直播而今看起来就像是某种标配，其影响力又因影像的作用而进一步得以增强。相对于现场直播，信息的时间编排于今已经标准化了，再多的信息也无法改变某种节奏、某种时间尺度，尤其是无法改变对直播内容理解的深浅程度。如果某些事件必须直播，那直播就必须被视作信息传播的规范性和理想化的方式。以紧迫性和事件性为标志的信息传播模式占据的主导地位必然对整个信息概念产生非常重大的影响：一个节目是否可信或将简单地根据是否"直播"来判定。瞬时性的增值已经非常强劲了，因为所有新鲜的、新式的东西都是被优先考虑的，而所有缓慢的、复杂的东西则处于被淘汰的可能性之中。如今还有什么事件在媒体上会被持续关注一周以上呢？所有太持久的东西都使人感到厌烦，而且不再吸引人们的注意力。信息的速度及由此引发的简单性与历史及社会诸多问题的复杂性之间显然是矛盾的。

　　事件性信息的逻辑与社会运作节奏之间越来越突出的矛盾，直接源于信息在当今社会获得的成功地位。但是政治，至少是社会，并不是单纯地生活在事件和现场直播的节奏中。民主并非一蹴而就，需要成长的时间。

关于传媒"广口瓶"悖论

　　信息传播取得的胜利理应缩小记者、政治人物以及精英与社会其他阶层之间的距离。事实上，无处不在的传媒和民意调查使得"所有的人知晓所有的事情"成为可能。然而，"传媒界、知识界和政界"并不比往昔更加接近各种社会问题，即使人们在感觉上与此完全相反。人们增长的关于现实的知识其实已经是"媒介化"的知识，换言之，这些是与诸多信息相关联的、越来越少地依赖于经验的知识。而这些"媒介化"的知识又徒增了几分人们与经验疏离的必然性，将记者和传媒带入了对信息现实性的担忧之中。有一种现实性的"知识"是需要时间的，还有另一种则是需要经过检验的,这两种知识与统领西方社会的信息推理模式、事件化逻辑、民意调查的即时性、各种统计数字的枯燥性以及调查研究所需的距离感都是二律背反的关系。

换句话说,较之以往,文化精英阶层的人数更多、成分也更加"混杂",但是这与更好地认识现实并无直接的联系,即使今天的人们消息更加灵通,情况也是如此。使用各种相同的信息和各种相同的数据,不仅会促使人们形成关于世界的一致看法,而且更重要的是,"精英共同体"的存在还会导致某种自我合法化的过程。相比知晓一切的愿望来,精英更希望知晓的是最重要的事情,这主要是因为他们旅行的次数比起其他社会阶层和其他文化阶层人士的旅行次数平均值来,要频繁很多,而且在国外,他们最常相遇的是那些具有相同社会文化特征的人群。与人们有可能所持的观点相左,信息无处不在的情形并没有带给精英现实社会日益复杂的感觉,它带给他们完全与之相反的感觉。

相对于信息的持续流动,公众还有可能会承受断裂的风险,而信息的饱和效应强化了这种风险。"新闻信息"主导的范式导致了信息消费增长的加速，不可避免的舍弃现象亦相伴而至。一段时间之后，所有的人都在"媒体的轮番轰炸"下生活。信息饱和使人们开始既拒绝媒体，也拒绝"传媒界、知识界和政治界"。公共空间的开放导致了一个悖论：一方面是政界、文化界和科学界各类精英们的自我封闭，另一方面则是精英阶层有意更好地融入现实生活不同层面的良好愿望。

除却戒律的传播悖论

传播行业的许多行为主体都认为，传播活动应该完全服从于市场规律。这一变化归因于传播已经成为"支柱"产业。过去人们熟悉的那种带有政治化弊端的公共管理模式已经转向了一个完全不同理念的模式，即最好由市场单独规制的模式。换句话说，也就是要将广义层面的电视和传播领域民营化，而不再赋予这一领域任何特殊的责任或特殊的地位，并将其与现代社会所有其他经济活动领域一起打包来进行管理。从所有的监管者手中"解放传播活动"，首先是要从国家监管手中"解放"出来，即便是这种政治自由的诉求会伴随着新的依赖——即使是对市场经济的依赖也在所不惜;即便与此同时,许多人仍在继续寻求国家财政补贴——国家对印刷媒体的补贴。为什么这些有望取得的国家补贴是面向一个特定的传播行业——印刷媒体,而不是面向其他的媒体呢?最大的可能是因为总的说来,电视业和传播业比印刷媒体更有利可图。在这方面,还应对需要国家补贴的、非常脆弱的综合类报章杂志与生存有方而又无国家补贴的专业类报章杂志加以区分。这种情形有点像当市场不是很活跃的时候,公共管理是合乎人们愿望的,然而一俟市场经济占了上风,公共管理就变得无所谓了。

在呼唤自由方面,至少是在放宽传播领域的限制方面,存在将三个不同层面——首先是市场开放层面,其次是技术可能性层面,最后是用途管理层面——混淆在一起的现象。如果现实的前两个层面可以满足某种绝对自由的话,那第三个层面情形就不同了。歧见在于:有人认为同一种自由必然包括所有的内容和各种用途,就像会必然包括各种技术和市场一样。何况,这种看法还假设技术和市场本身必须不受任何监管。但是,传播领域本身正处于蓬勃发展时期,并直接有助于再现公民创造的历史现实,因此而今重新引入某些戒律、法规、规范和价值认同与发展一样具有同等的必要性。此外,还有一种歧见在于:将放松规制作为传媒勃兴的前提。恰恰相反,传媒的勃兴及在社会传播中日益重要的作用,都要求保有一定的规则,而不是去规则化。

没有规则、没有对某些公共利益原则的尊重,就没有公共空间。公营媒体与私营媒体,综合类媒体与专题类媒体之间需要保持平衡,以避免公共空间内传播活动的过度失衡。就讯息的发布和讨论而言,人们很难承认公共空间处于民主制度的中心地位,也很难否认对公共空间,尤其是传媒进行最低限度监管的必要性和急迫性。问题在于,为什么当人们确认传媒和民意在公共空间中的决定性作用时,公共利益的理念就不再受到重视呢?

传播的增长令人重新认识社会全部活动的基本原则:没有约束就没有自由。传播的自由不能仅仅服务于传播产业,因为这些产业的终端是公民、不同的价值观以及超越产业框架的博弈。传播不仅是为了销售技术和讯息,也是为了将公民联系在一起、将各种社群联系在一起。传播还关乎对各种必要前提的思考，例如，从对话前提出发对受者的某种思考。而这些事情并不总是，甚或不常常是取决于市场规则的。

关于标准化的悖论

在某种意义上而言，交流活动的增多意味着更多的行为主体对更多的话题表达自己的观点，这势必要求他们相互之间部分地使用相同的代码。这一代码，即民主化公共空间中占统领地位的、非宗教的、理性的话语——在很大程度上以政治话语为标志。事实上，各种行为主体通过不同的政治范畴来理解世界以及构建他们的话语和他们的反对意见。这是因为他们或多或少地使用相同的政治话语来完成这些事情，即使他们的话语是带有冲突性的，在奉行多元主义的民主国家里，人们观察到最低限度的相互理解之存在。因此，扩大公共空间付出的代价是政治话语的主导权，因为这是唯一被所有人理解的话语。但是，作为某种可能的传播活动之局部和简单的前提，这种"统一化"不可避免地会导致一定程度的贫瘠化，因为适用于社会大多数话题的政治代码必然是缩减性的。这种政治话语的蔓延，最众所周知的例子可能莫过于死亡、性爱、基因操控和宗教等，在今天，这些例子与经济模式、各种选举方式以及赋税制度等被一视同仁。仿佛另一类话语的存在属于无法忍受的某种东西。

凸显这种政治话语的显而易见的后果，是社会现实所有方面的意识形态化。这导致反对声音的增大以及没有进入二元逻辑的话语的贬值。无可否认的是公共空间的运作与冲突是密不可分的，但并非所有这些都必然会演绎成某种用语或某种政治模式。如果人们必须多少说一点同样的语言来进行沟通的话，那问题就在于应该知道从什么时候开始，这种代码（政治上的）优势不再是自由的代名词，而是贫瘠的同义词。解决这个问题的办法不是通过或多或少的本地性的，或是像人们常说的互动性的各种媒体，来组织公民的表达，因为这种表达方式采用的还是相同的传通代码。真正解决这个问题更需要承认公共空间里同时存在着大量的不同价值取向的、非宗教性的、代表主流政治的各种话语，同时还需要承认除了非宗教和理性的话语之外，还有许多其他价值观和其他表征方式彼此共处,这些表达无须自我解释是否与其审美意识、宗教倾向及精神追求等有关。

关于个性化的悖论

公共空间的扩大和传媒作用的日益增强加剧了个性化现象。毋庸置疑,并不存在非个性化的政治,个性化最终造就了政治的伟大,但是必须要承认,以大众为对象的媒介化传播之普及进一步增强了个性化与政治的关系。即使在这样的前提下,很大一部分公众也能够理解现代社会必然的技术性难题。但许多问题的复杂性和技术性并不太适应政治的这种个性化处理。在大多数情形下,在存在的问题、问题出现在公共空间所需要的时间、公民对此问题的意识,以及在媒体光环出现之前媒体对问题的处理速度等方面,协调性始终缺乏。让政治重新回归人性,最大的好处在于提醒政治具有"可解决"的特点,但美中不足的是政治常被放在选举期的时间表上,几乎从未真正解决过问题。这种机制不仅存在镜像游戏和交叉认同的风险,还有"定义的缺失"的风险。

在问题的复杂性需要通过时间来理解时,人们可能会失却在短时间内获得的个性化的东西。

行动-传播的辨识悖论

在政治上,采取行动与传播沟通密不可分,特别是在民主政治中,政治家为了从选举中胜出或者是为了连选连任的成功,必须要解释他们的决定。无论怎么说,很多行动与期望获得更多人的赞同传通策略在很大程度上都是紧密相连的。况且大家都知道"言说即行动"——在政治领域更是如此,久而久之,传通和行动之间的同化逐渐增强,就像人们所看到的电视在政治方面的作用一样。政治人物在明白了可以利用电视的优势吸引公民后,深知靠言说来进行说服已经不够了,控制那些"管道"的人不一定能控制民意,更不用说控制选票了。简而言之,受者往往具有一种出乎意料的自主性,然而长期以来人们一直都以为受者是被动的和可以操控的!然而,反过来,政治人物也都明白,没有传播沟通他们就没有任何机会被人理解。如果说人们关于传通过程的见解,已经从简单的"只需言说即能说服",转变成更为复杂的认知机制,即"言说无论如何都是必要的,而公众则会有自己的想法",那么至今没有改变的就只有传通的重要性了。

传通在行动中的比重持续增加,二者之间存在关系逆转的风险,不过这一次传通所处的地位比较有利。传媒越是不断施加压力,政治人物们就越要"以公民知情权的名义"来自我表白和自我解释。除此之外,在一个民意调查的作用有如舆论的部分传感器日显重要的传播系统中,政治人物们不管自己在说什么,都比昨日更倾向于修饰自己的形象、更在意根据民调反馈的信息来修饰自己的话语。尽管政治人物无须强调民意调查和各类选举根本不是一回事情,但是在一个大众民主体制中,他们本能地不去"察看"公众及其态度,政治人物们依然还是倾向于把民意调查视为很好的风向标。

上述转变有助于提升传通在政治行动中的比重。转变的结果是政治人物拿出其20%—40%的时间用于传播沟通。他们这么做,要么是为了升值他们的政治行动,要么是为了呈现和改善他们自己的公众形象,要么是为了抵消同样也使用了这种传通策略的竞争对手的效果。

现代政治中传播地位的不断提高也引发了另一个问题：信息、民意和行动的区分难度越来越大。无论政治的传播维度如何，它的结果仍然取决于决策的假设，也就是说，取决于权力的任意性。信息、传通和行动之间相互依存关系的日益增强并不能消弭它们彼此的根本差别。

关于透明度的悖论

这是由传通地位日益重要以及与之相关的两个互补性更动引发的问题。

第一个更动是传媒和信息的无处不在性实实在在地让人们觉得社会的所有重大问题都是"看得见的"，而且无论如何都是能为大家所认识的。最初的透明度来自信息，之后的透明度则来自民意调查，民调结果似乎补充了传媒提供的信息。传媒提供的信息"涵盖"了各种事件，而民意调查"涵盖"的则是当下关于那些差不多够得上公共问题的舆论反应。

简单地看来，传媒加上民意调查可以提供某

传媒公共空间的悖论

种良好的可见度以资了解社会现实及其不同的构成因素。进一步而言,传媒和民调在大多数情形下只是记录突如其来的事情,却并不具有提前预测的功能,但尽管如此,传媒和民调仍被视作社会未来问题的重要传感器。这正是悖论之所在。传媒和民意调查提供的信息是关于正在发生的事情的,即便人们含糊地希望在这些信息里找到对未来问题的预测。但这不是传媒和民意调查充当的角色,所以他们并不总是能带来预测。再说,即使传媒和民调具有预测的功能,我们也难以肯定政治家们会采用其中某些预测,因为他们已经有足够多的问题需要去处理了,所以没必要去考虑那些还未达到刻不容缓程度的问题!大家即便都承认传媒和民意调查提供的信息并不构成某种预判,但在大多数时候,人们都还是希望从一张现场照片中看出一些苗头来,只不过人们没有意识到这种情愫已经带有期盼预测的意味!而各种数字的影响又进一步强化了这种意识上的模糊性。事实上,人们心中都暗暗希望那些来自民意调查的、由数字佐证的简单化事实,可以为传媒信息提供某种互补性的、有时候甚或更为严谨的看法。

由于政治模型或多或少有点代表性,可以反

映进展情况。但在模仿这一模型的同时,也要注意到信息或有可能因此失去效力与合法性:将历史变成了叙事。说到底,政治层面体现的倾向性与民意调查所反映的倾向性是极为不同的,因为真正代表一个人政治倾向性的,只有其之后投票时的最终选择。反过来说亦然:对于现今民意调查所涉及的大部分社会现象,人们是不会去进行投票的。进一步而言,民主政治所围绕的一切与"倾向性"有关的合法性问题,不可避免地会强化民意调查提供的信息。到目前为止,选举方面还没有发现与此不同的反证情况。因此,风险在于民意调查似乎是政治合法性的某种补充形式或派生形式,并没有具体的意义。更大的风险还在于进入政治领域问题的数量不断增加,并且与政治相关联的倾向性也不断得以合法化。

对倾向性模式的理解超越了严格的政治场域范畴,有益于将现实的各种表征统一起来,但其不足之处在于将共同代码应用于性质不同的现象。

即便传媒、民意调查和政界明显地在谈论同一现实,他们三者提供的关于社会的各自看法之间也并不存在承续性。保持这种倾向性上的差异无疑是合乎人们愿望的。政治在社会整体生活中的占比越大,传播在这一社会中发挥的作用就越重要,不同的社会表征更需要共存,以避免社会出现某种同质化,亦即某种虚假的透明度。这种虚假的透明度的代价很有可能会是更多的莫名其妙的冲突,若从先验性的角度而言,集政界、民意调查和传媒为一体的机制或应能揭示个中最重要的原因。

传通性求同存异(L'irénisme communicationnel)[①] 的悖论

民主政治预设了某种具有一定共同性的语言,以便让意识形态对立的各方能以某种传通的方式而非以肉体暴力的方式进行互动。从暴力过渡到对立虽然具有一定的争议性,但也是政治成熟的迹象,而一般来说,人们通常用社会现实生活多

---

① 求同存异理念(Irénisme):由形容词 irénique(和解的)派生的名词,[最初源自拉丁语的 enrene(和平)一词],这一理念的意思是(在信奉不同教义的基督徒之间)"重建和平"。而今,传通性求同存异意味着将传通和协议混为一谈的风险:传通不一定完全能达成共识,但它可以也必须保留民主分歧的可能性。

方面进入公共空间的增量，来评估民主政治的发展程度。也就是说，公共空间是一个用词语代替拳头的空间。显而易见，将政治对立不可或缺的传通性维度与政治共识混淆，或者混淆了接受某一传通代码与形成某种共识的区别，都是有风险的。而讲同一种语言也未必意味着达成一致。当政治空间狭小的时候，每个人都明白这个道理。但是随着政治空间的扩大，并且伴随着在公共空间中处理所有社会问题，公共空间这一最基本的共同词语具有日益普及的倾向，就在一定程度上，人们很容易将政治传通所需的共同语言与就各种问题的实质达成一致混为一谈。

传通作用的日益增强与政治场域的扩展相关联，传通的悖论有益于减少对抗性的想法。似乎有很多人反对这种想法，但借助于更多的传通过程应该能够更容易达成共识。传通在政治中作用日益增大的另一个不良后果，在于大力扩散了"保守"和"激进"这两个概念的各种对立因素。在理性主义逻辑统领传通模式的政治秩序中，这种二分法是某种补充形式。人们倾向于用"传统派"来称呼那些不使用契合传播界政治话语的政治行为主体，而用"现代派"来形容那些顺从和促进与传播界政治话语相适配的政治行为主体。

如同政治基准，传通活动同传统派与现代派对立性之间的这种和解，却是与传通本身、与政治都不相适应的。因为，之于传通活动，这种和解非但将理解所需的传通代码合理化，而且进一步使之减少，尽管人类社会的历史显示大多数的政治话语都是非理性的！而之于政治，每一代人在做政治选择时都受到这种对立性的限制，而政治的本质恰恰是要打破这种对立性。简而言之，如果没有传通的现代性，那么现代性也不再是政治的特权，传通也不再是政治基准。说到底，即使政治具有某种传通条件，但也不存在传通性政治。

关于"全球村"的悖论

近五十年来，传播领域最重要的变化莫过于通信技术的全球化。从前，只有一些新闻通讯社才能报道一部分"全球性"事件。而今，得益于计算技术、电信技术和视听技术的结合，发生在世界各地且被认为重要的任何事件都能被报道。

卫星进一步强化了这种可能性,并将实时信息的传输普遍化。从技术角度来说,我们距离马歇尔·麦克卢汉（Marshall MacLuhan）曾经言及的"地球村"已经不远了。虽然技术令传播变得越来越容易,可人们越来越能察觉到传播技术和传播内容在本质上的区别。

这不是只要"看到"或者只要了解世界上发生的事件就会弄明白的问题,而是一个必须要对世界感兴趣才能弄明白的问题。非但没有人会对所有事情感兴趣,而且实情在于信息的生产和传播越容易,人们就越会意识到接受信息的条件是困难而勉强的。信息接受的封闭性与信息传播的开放性是相对立的。以前,传播的局限性来自信息生产条件和传播条件的制约,人们一向对信息的接受条件担心甚少,何况当时信息量有限。

如今,情况正好相反。几乎所有事情都是可见的,传播主要的制约来自信息接受的方面,因为不同类型的公众正是通过由语言性、文化性、宗教性和历史性代码构成的框架,来获知信息和进行传播沟通。

没有人会对所有事物感兴趣,而且这一来自信息接受方面的封闭性最终成为有利于避免传通活动走向"传通专制"的因素。换句话说,没有理解就没有传播沟通,理解这层滤网引导和制约信息的"吸收"。

具体而言,传播关乎以下两件事情。

其一,没有一定的时间就不可能理解:必须要有时间、要有很多的时间去理解,在任何情况下,这一理解所需的时间都要比信息的制作、传播和接受的时间来得长。因此,信息传播的快速性和理解该信息必要的迟缓性之间形成了某种差距。其二,传播关乎共同价值观的分享,以期人们解码和"理解"以相差无几的方式接受的信息。传播在未来的主要问题在于重新发现人们统称为"接受"的词涉及的各种元素的复杂性。

信息和传播越多,接受信息方面的观点就越重要。总体而言,所有的观点都是围绕国家的价值观体系来组织的。甚至还可以说,在全国性公共空间内部,时下有关重大事件辩论的编码和解码,在大多数时候都是结构化的。为了确信这一点,只需要观察一下比利时和瑞士这两个离法国不远的国家,虽然它们都广泛使用法语,但是这两国的政治辩论是和法国完全不一样的!

如果换一种方式来表述的话,无论是从技术

角度还是从处理信息主题数量的角度来看，在事件的解码和解读方面，信息的全球化都与重新发现国家框架的重要性相辅相成。信息生产与传播扩散的条件越是"国际化"，坚持为解码和解读这些信息提供基础的身份就越重要。解读身份和信息的前提条件与传播过程的开放特性正好是对立的。这就是为什么人们不应该混淆这样一个事实，即电视是以世界市场的模式组织运作的，但同时，即在其传播的现实性方面，电视仍然离不开国家属性。

无界的公共空间悖论

17 世纪以来的社会历史和 18 世纪以来的民主制度的发展，实际上也是公共空间的出现与私人空间中某些现象被排斥的互补过程。"公示"原则已经成为一种规则，时至今日，公共空间、政治领域和公民社会几乎是重叠的。公共空间成为某种基准和社会的象征，同时与之相伴的是私人领域的贬值。

公共空间的胜利也是"社会学词汇"的胜利，

是对此词汇之外整个参照系的淘汰。很显然，传播的普遍化有助于统一不同类别的话语，推而广之，有助于统一公共空间里使用的各种分析框架。因此，问题的关键在于为了避免因18世纪时以世俗化思路为基础的公示原则的束缚而重蹈限制公共空间的扩大的覆辙。说到底，只要不是单一维度化导致的专横，为了规避某种风险，都应该强化社会内部不同性质的价值观以及不同性质基准的共存，甚至于强化它们之间的对抗。

公共空间运行中出现的上述十个悖论意味着什么？

这些悖论意味着，广义而言，传通保证了当今公共空间和大众民主的功能性和规范性，然而传通本身不能独自保证民主公共空间运行的质量。公共空间也包含着政治价值理念，相对来说，这些政治理念不同于传通性价值理念。

换句话说，人们赞成初始的民主模式，而在公共空间的争论话题日益增多和自身的不断扩大，以及与传通过程本身的程式日渐增加等现象几近同步发展时，人们看到了"政治运行良好模式"的前提。

或者我们反过来说，一直在强调的是，传通和政治的平行发展使得两者固有的价值观之间保持对立变得更加必要。

因此，我们目睹了传通和行动之间的关系在规范层面的变化。如果说之前这两者都与民主模式有着规范性的联系，那么在重新认识民主模式以及传通的胜利时，就有必要将在功能层面上相关联的二者加以区别，尤其是在规范层面上区别开来。比起以往来，现时更加需要维持信息、传通和政治行动的本质差异，以保留扩大的公共空间在高度媒介化的大众民主体制中运作的各项条件。

民主模式的胜利有必要更好地区隔那些之前人们想要结合成一体的东西。正是得益于这种能够重新形成既互补但又在结构上对立的价值观之间张力的本领，我们将规避大众民主媒介化公共空间的一些严重的偏差。

作者：多米尼克·吴尔敦[1]（依据其发表于1992年的论文《公共空间、传统与社区》改写）

---

[1] 多米尼克·吴尔敦（Domonique Wolton），法国国家科学院传播分院前院长，《赫尔墨斯》杂志主编。

公共空间和传媒:一个新的时代?[1]

占主导地位的社会秩序及传媒的体制构型(configuration)是非常复杂的,而其呈现的方式也存在无数种。公共空间的类别区划可以帮助我们基于一个标准来协调地安排这些方式,这个标准就是公民是否进入和参与政治过程。哈贝马斯的著作发表后的几年中,社会发生了许多戏剧性的变化,其中传媒领域的变化不停地加速。我们言及的一个新的传媒时代,显然不属于历史学家能够接受的严谨划分的时代。这里只是为了强调各种传媒和社会对转型的重要性及所产生的影响。

---

[1] 这篇文章是彼得·达尔格伦(Peter Dahlgren)和科林·斯帕克斯(Colin Sparks)合编的《传播公民身份:新媒体时代的新闻与公共空间》一书(罗德里奇出版社,1991年)绪论部分的改写版。

传媒体制和社会权力的格局都已全然不是 20 世纪 60 年代初期的情况了。

传媒新时代的各种体制构型

在政治经济学层面，西方社会中大众传播的传统手段发生了意味深长的变化。有关传媒在所有制、管控和政治权利等方面造成的戏剧性变化的众多研究成果吸引了我们的注意力。传媒的私有化、传媒企业的集中化、传媒的跨国化以及放松传媒规制的进程，都令传媒运营的商业化逻辑不断增强和广泛传布，并且令其他形式的运营逻辑逐渐退场。

在一个几乎完全商业化的体系当中，美国公营的电视频道始终扮演着次要角色。但在西欧国家，所有公营电视台经历了历史生存条件迅速解体的过程，这导致许多国家屈服于商业压力，政府没有抵制反倒鼓励了这些变化。现代公共空间似乎再次成为中世纪时期的"表象性公共空间"，在那个时期，精英们面对大众置身表演场景，与此同时，他们还利用各种公共场所相互交流。

公共空间和传媒：一个新的时代？

政治方面的进步当然不一定是通过为私有化进行辩解来捍卫由国家资助的垄断行为。这些垄断常常被证实带有精英主义色彩，其因国家支持而受到责难，而且已日薄西山。相反，这或是属于为了契合公共利益、又为了同时摆脱国家干预和商业化趋势而奠定广播电视体系基石的问题，在尊重各种信息、各种意见和表达形式的多样性的同时，这一体系或将起促进发挥公民权的积极作用。①

在另一领域，人们大力鼓噪的所谓的"信息社会"的功效既不利于传布政治上有用的信息，也不利于为最大多数人提供文化表达的可能。②相反，技术的进步使得大众传播、电脑、电信和卫星之间的界面（interface）倍增，而市场力量和公共政策相结合有利于私人利益却对公众领域

---

① MURDOCK, G., "Television and citizenship: in defense of public broadcasting", *in* TOMLINSON, A. (dir.), *Consumption, Identity and Style*, Londres, Routledge, 1990.

② SCHILLER, H., *Culture, Inc.: The Corporate Takeover of Public Expression*, New York, Oxford University Press, 1989.

GARNHAM, N., *Capitalism and Communication*, Londres, Sage, 1990.

造成了损害。对于公民来说，获取恰当信息的成本将越来越高，对信息的占有也将越来越不平等，这将更加危及公民权之普遍受惠的追求。①

在新闻实践方面，精英和大众之间的鸿沟正在加深，前者享受了信息服务，后者则享受娱乐消费。报业成功地将运营结构调整为商业逻辑，但对仍保持独立于国家权力的传统而感到沾沾自喜。对于电视新闻而言，当政治和信息需要同时服从于创意和保有各类观众的商业逻辑时，就很难严肃地谈论理性的话题。

所有的这些反思，都只能证实哈贝马斯在现代传媒面对公共空间式微时的责任感这个问题上的相关论断的重要性。② 显而易见，传媒的使命

---

① MURDOCK, G., GOLDING, P., "Information poverty and political inequality: citizenship in the age of privatized communication", *Journal of Communication*, vol. 39, n°2, été, 1989.

② HABERMAS, J., *The Philosophical Discourses of Modernity*, Cambridge, MA, MIT Press, 1987.
HABERMAS, J., *The Structural Transformation of the Public Sphere*, Cambridge, Potity, 1989.
BERNSTEIN, R. (dir.), *Habermas and Modernity*, Cambridge, MA, MIT Press, 1986.

公共空间和传媒：一个新的时代？

是众所周知的。这是理论批评家们多年来一直在重复的看法。很长时间以来，对传媒的政治作用和文化作用的看法并未改变。20世纪60年代初期是如此，而今依然如此，只不过情势变得糟糕了。在这黯淡的图景面前，我们似乎无法改变太多。总而言之，必须不时地去重新强调传媒责任，必须用最新的关于结构、讯息或观众的数据作为补充。然而，坚持全面谴责传媒是有危险的。如果我们不考虑传媒内部的压力与矛盾，如果我们对传媒内部表现出来的裂纹和断裂声一无所知的话，那么这一全面谴责就很可能会导致某种关于传媒的畸形看法。

换句话说，如果仅仅满足于强调传播业固化的一面和揭穿它们与国家权力和资本权力的联系，那就有可能忽视这样一个事实，即其他的构型方式也参与了对公共空间的界定。为了说明这一点，述者想到了四个主要的、相互依存的方面：民族国家的危机、公众的碎片化、新的政治运动和社会运动的出现，以及消费者获得先进的信息与传播技术的相对自由。

现代民主是在一个属于民族国家的理论框架内发展起来的。作为一个政治实体，民族国家如今正在经历一场深刻而不堪忍受的危机,这事关管理和合法性的问题。这场危机伴随着生产的离散和资本的国际化。国家经济越来越受到境外力量的控制,日益依赖于全球的经济环境。

在国内方面,国家必须得面对其行政和政治操作空间的减小,以及不同政党纲领的日益趋同现象所透出来的议会的某种惯性。

当20世纪80年代美国的里根和英国的撒切尔提出的主要政治主张取得成功之时,平民阶层遭受了社会创伤。我们因而看到了一个"三分之二社会"的轮廓:某种社会性掠夺建立了一种总体上看似乎只有三分之二人口受益的社会制度。剩下的三分之一人口被牺牲掉了,慢慢地被抛弃到次等公民的阶层。政党丧失了公信力,而公众的政治参与度下降。回想起来,当年里根实际上只获得了四分之一选民的支持就当选总统了。在这种情形下,权力成为消极抗议的对象。这种消极的程度是三十年以来公共领域中前所未见的。

随着传媒越来越多地接受商业逻辑,我们可以观察到,根据人口特征以及消费能力划分受众的计划已在逐步实施之中。记者今后将分别针对根据市场策略建立起来的各个目标受众群,来从事新闻报道。这个过程肯定复杂,但总的来说,它以重现上面所言及的阶级的极化为发展趋势。我们可以说,高品质的传媒以及那些自诩创建国家论坛的人(一如前欧洲公共服务机构)已经普遍减少。

对于美国的广播新闻来说,主动调整为特定的受众量身定做信息的行为尤其明显。这种做法在电视和报章杂志上也很突出。新一代读者文学涵养的滑坡对美国报章杂志的质量造成了深度的损害,这种滑坡的后果影响了整个行业。一些新的举措给人带来了扭转新闻碎片化趋势的印象。我们因此也可以论及美国一家新型全国性报纸《今日美国》(USA Today)的成功。但是,这种创新对政治参与的影响仍然微不足道。对于国家政治而言,整个可以维持的公共空间的式微似乎是不可逆转的趋势。

在民族国家的危机、议会辩论的疲惫感和公众分裂化的交叉路口,反倒出现了戏剧性的发展:新的政治运动和社会运动繁花似锦、生机勃勃。这些运动涵盖了许多不同的领域:环境、裁军、妇女的社会生存条件和法律权利、性少数群体、种族和少数族裔群体,以及住房和社会保障等社会政策问题诸领域。

这些运动既没有相同的指向,也没有相同的目标和策略。更有甚者,它们其中的一些运动的参与者很快又分裂成为敌对的派别。然而,尽管这些运动的参与者在兴趣方面颇有差异,例如女权主义运动和环保主义运动,但他们却不时地将各自的力量成功地联合起来,从事一些共同的活动。拉克劳(Laclau)和穆菲(Mouffe)合作完成的学术著作注意到这些运动带有"后马克思主义"色彩的理论化倾向。[1]

虽然这些运动大多属于进步的类型,但也有的属于保守的或反动的类型,例如美国基督教运动的各种右翼人士,或在欧洲出现的反对移民的种族歧视团体。他们的共同点在于都具有激进主义的背景,通常都来自中产阶级,而且他们并不具备绝对的一致性。他们的政治基础不在已经建立的政党之内,尽管他们有时可能会与既有的政党,或者与更为传统的阶级组织(如各种工会)

---

[1] LACLAU, E., MOUFFE, C., *Hegemony and Socialist Strategy: Towards a Radical Democratic Politics*, Londres, Verso, 1985.

公共空间和传媒：一个新的时代？

缔结短暂的联盟。

这些运动最重要的特征之一就是参与者往往把日常生活的经验，特别是私人领域（如学校、街区等）的经验，转化为政治干预的规范性愿景。他们获得成功的关键因素之一在于他们可以用公道的价格获得信息与传播技术。得益于台式电脑、打印机和传真机的襄助，他们成功地承担了组织、传递信息和辩论等多重任务。这在几十年前是不可想象的。信息简报如今已能成为一个有效而便利的传通介质。信息简报、广告散页和报纸之间的分界变得模糊不清。此外，著作手稿提交之后的第二周就有可能成书的现象，亦已使新闻和出版之间的界限开始变得不再清晰。

事实上，我们在一个既与主流媒体的受众碎片化互补又与其逆向发展的运动中，目睹了另类公共空间的生气勃勃的多元主义的诞生。[1] 过分夸大这些运动的重要性或将犯错，因为在使用新媒体方面，国家和大企业肯定比这些运动的参与

---

[1] DOWNING, J., "The alternative public realm: the organization of the 1980's antinuclear press in West Germ, any and Britain", *Media, Culture & Society*, avril, vol. 10, n°2, 1988.

者更有经验。但是无视他们也将会是一个严重的错误。

实际上,如果现在着手把国家的危机、公众的碎片化、新的社会运动以及信息与传播新技术使用的随意性这四项关乎我们构型的要素综合在一起的话,我们就可以开始隐隐约约瞥见公共空间存在的新的历史性前提。因为只要这些要素中的两项相互关联,就足以产生引人注目的社会紧张关系,例如,主流媒体仍将新的社会运动视作对制度的威胁(同时也将其视作某些形式的、旨在惩罚超越议会的政治行为的司法诉求)。

然而,主流媒体对现实的定义同参与这些运动的人的经验及观点,不再可能太过于对立。随着这些运动规模的扩大,有关定义的论战也倍增。在一定程度上,大型媒体被迫认可其同行——小型媒体对社交世界(monde social)做出的进一步解析。

通过绿色和平组织(Greenpeace)[①]的例子,

[①] 绿色和平组织(Greenpeace):总部设在荷兰阿姆斯特丹的国际非政府组织,以"保护地球、环境及其各种生物的安全及持续性发展,并以行动作出积极的改变"为行动纲领。——译注

公共空间和传媒：一个新的时代？

我们可以看到某些社会政治运动是如何成功利用主流媒体的，这个例子表明某些运动和媒体之间存在一种新型的关系。契合这些运动的组织越来越多地成为主流媒体的信息来源。如此一来，这些运动得益于合适的媒体，已经开始和那些一直作为"来源"的、更为成熟的各种组织进行竞争，并希冀通过施加压力的方式使自己的新闻能够在首要媒体上占据更多的空间和时间。这有可能是公共空间分化的第一个迹象。与社会政治运动成员日常生活的经验及其诠释相关联的另类运动媒体，越来越能够将其对政治现实的见解强加给主流媒体。这样就既可以传布更广泛的观点和信息，也可以使这一套路合法化。

如果这种解读是正确的，那么我们就可以在此目睹类似于哈贝马斯曾经描述过的那类历史变化。在哈贝马斯看来，新兴资产阶级反抗国家政权的政治斗争，曾导致了新的公共空间的创建，而这个领域在其最终走向分崩离析之前早已开始进入式微的过程，同时也正在让位于福利国家制度下的社会权力的"再封建化"(哈贝马斯语)①。当然,这些新的社会运动不会消解或者取代与国家和产业重组相关联、并通过传媒集中起来的权力。不过,这些另类媒体很有可能能够重新平衡主流传播体制。如果真是这样的话,这一具有两种声音的公共空间无论如何都会反映社会权力关系的转变。

最后,我们应该谈谈东欧和中欧发生的前所未有的历史事件。尽管创建一个向反对声音开放的公共空间是难以想象的,尤其是面临国家全面而一以贯之施压的时候(例如1989年以前的苏联、捷克斯洛伐克或罗马尼亚等国家的情形),但人们毕竟还是留意到,相比他国而言一种相对温和的施压机制(例如80年代的波兰就存在这样的机制),它具有足够多的透气孔,可以让对立的公共空间运作。正如雅库波维茨(Jakubowicz)②所

---

① DOWNING, J., "The alternative public realm: the organization of the 1980's antinuclear press in West Germ, any and Britain", *Media*, *Culture* & *Society*, avril, vol. 10, n°2, 1988.

② JAKUBOWICZ, K., "Musical chairs? The three public spheres of Poland", *Media*, *Culture* & *Society*, avril, vol. 12, n°2, 1990.

指出的那样，这个公共空间和主流媒体之间的关系复杂得出人意料。

当这种施压机制更加厉害或突然松懈下来的时候，我们便能看到另类媒体爆炸式的增长，例如波罗的海三国出现的情形，尽管它们并不具备西方国家社会运动享有的财金资源和技术资源。随着政治上的相对稳定，或者说是政治上暂时的稳定，政治化就达到最高水平，一如现今人们看到的那样（尤其是在匈牙利、波兰、捷克和斯洛伐克等国）。某种"正常化"也就完成了。但是，应当注意到西方民主模式的转换，是与西方资本在媒体领域的大量投资分不开的。另类媒体和主流媒体之间不可避免地将建立多种新型关系，公共空间将会再次形成博弈和斗争。

意义生产的领域

言及体制性构型之类的词语，就意味着人们的兴趣点集中在社会结构的宏观层面上的公共空间。然而，对原动力的理解势必会令人们转向意义生产的过程和前提：公民们将自己的经验和思考结合起来进行（政治或其他）意义的生产。为了引发对这种情况的注意，必须要考虑三个因素，即组成公众的个人之间的互动、传媒与公众之间的界面，以及媒体产品本身。

我们不妨从公众开始。经哈贝马斯发挥的公众概念与约翰·杜威（John Dewey）认定的公众概念十分相似（因此可以将杜威视为哈贝马斯的美国同道）。他们两人都强调必须将公众视为社群框架①内的一种突起（procès）。对哈贝马斯而言，这关乎抵抗某种形式的专家治国理性（rationalité technocratique），尤其是关乎抵抗大型媒体语境中占据绝对优势的技术专家政治理性。因为在观念层面上，这种理性将公众降格为受众——媒体消费者。从而，公众只不过是媒体向广告商交付的产品或社会操控的对象——广告推荐产品的潜在买家或必须倒向所希望一方的选民。这种商业和工具逻辑的强势兴起，在媒体及公众之间形成了一种互为犬儒主义的氛围，到头来以对公共空

---

① DEWEY, J., *The Public and its Problems*, Chicago, Swallow Press, 1927.
CAREY, J., *Communication as Culture*, Londres, Unwin Hyman, 1989.

公共空间和传媒：一个新的时代？

间的腐蚀而告终。舆论的概念亦不例外，当舆论被用于描述民意调查结果时，这一概念也就变得毫无意义了。

尽管这种公众观念狭隘，经常被商业的、政治的或学术的话语采纳和强化，但在意识形态方面的用处仍是无可争议的。这种公众观念无须去反思那些对于社会学而言真正至关重要的问题——涉及学术的一些问题，诸如公众是如何构成的？传媒在公众构成过程中扮演了什么角色？构成公众的个人之间的社会联系的性质是什么？新闻媒体和其他媒体如何设法加强或排除对话及辩论的可能性？换句话说，由于存在条件的不同和具有特定的社会文化特征，公众是有差别的。至于传媒，它们在建构公众方面发挥着重要的作用。

必须强调的是，传媒在这一方面的重要性不仅在于传播信息，而且还在于其传播逻辑以及整体传播战略。新闻报道是一整套话语体系的组成部分，这套话语体系负责充当新闻报道的语境，并根据新闻报道内容给出不同的观点。若使用另一种语汇来表述的话，即公共空间向广告话语和娱乐开放。界限的维持变得更加人工化，如同传媒自身在清理痕迹方面的娴熟技能。如果人们想要理解传媒在公共空间意义生产中的决定性作用，上述这一切都是至关重要的。

如果抹除新闻、娱乐、公共关系及广告之间的界限，正好可以明确地印证哈贝马斯对此的遗憾。不过，他也许低估了传媒文化在创建共同的解析框架方面的作用。这些解析框架显然不足以在公共空间的合作伙伴之间建立政治参与理想所需要的互动。尽管如此，传媒仍然对构思各种共同的文化认知做出了极大的努力。无论好或坏，这些努力都有其存在的价值。它们创造的社群类型可以是有质感的或无质感的，但这毕竟属于另一个问题了。

毋庸置疑的是，基于传媒的解析性社群的存在，不管怎么说，都决定了现代公共空间的意义生产。人们可能不喜欢相关的意义也不愿分享这些意义。然而，任何旨在通过传媒文化建立"不受污染"的公众的模式，都是虚幻和没有结果的。我们必须从各种当代现实性的本真出发。

在这个方面，我们可以来强调一个极具典型意义的演进结果的例子。长期以来，商营视听业一直在创造不同的"市场"，而这些市场并不一定契合国家的政治范畴。可如今，我们发现卫星电

公共空间和传媒：一个新的时代？

视带来了一种国际文化。如果国内观众的碎片化观看特征有利于不同的解析性社群的诞生，那么电视新闻制作的国际化反过来有可能会有利于共同意义国际网络的建构。即使这样的情况缺乏正式的政治格局基础，它们也可能在塑造国际舆论方面有重要的意义。

如果在公民的话语互动中可以建立真正的"公众"的话，也许必须把受众（audience）的概念看作一个阶段、一个通向"建构公众的适度而必要的阶段"。受众的属性可以导向公众的属性。正是在受众的框架内，受众与媒体产品的交汇正在进行，受众构成了读者、观众或听众的社会生态。至于现实中存在的"公众"，由社会实践形塑，而在此语境中滋生的社会实践，其发展远远超越了"公众"的本义。

近来的一些论争突出了受众这个概念复杂而存疑问的性质。不论这些论争的结果如何，从理论的角度或从实证的角度来研究受众，可能比研究公众更加容易。不言而喻，研究的前提在于清晰而详细地说明受众和公众之间的关系。

最近十年来，对传媒的接受研究和对受众的研究都取得了巨大的进步。这些研究主要针对某类属性的受众与一些社会实践之间的联系，而这些实践可能直接关乎公众的建构。如此的研究设计，特别是"文化主义"学者的研究设计，使人们重新关注意义生产过程中的主动性，而某类受众群体中的个体通过社会互动和传媒解码的方式，实现了意义的生产。与此同时，众多的问题也被提了出来，例如，社会实践和文化消费的问题，对文本结构的认知问题，语言、意识和主体性在社会现实建构中扮演的角色问题等。

这些研究有助于更好地理解媒体产品以及各类媒体与受众关系的性质（就像当今文学领域的某些研究流派），并为我们提供了某些超越哈贝马斯理论的、具有理性主义前提的手段。可以证实的是人们对再现、对现实主义、对仪式，以及对受众的接收和抵制等问题的兴趣日益增大。最后，我们还可以来谈谈多义性和多元主题设计的问题。这些问题往往连带某些后现代主义的观点，但是目前的一些论争逐渐脱离壕堑战的形式，而各种新问题也不是先入为主地被批判性思潮和解析性思潮所排斥。①

如果同时将一些有意思的话题诉诸批判理论和后现代理论，就可以发现观众的"愉悦"感或"抵御"感实际上是有关联性的，甚至当人们以这两种感觉为理由来面对同样富有理性的话语和信息程序时，亦是如此。②

如果我们重新思考意义生产过程中受众参与的观点，先前既有的信息和娱乐之间的区别就变得非常成问题了。但在等来接受研究得出的有关结论之前，传媒的生产正在加速混合不同的传统样式，朝着"信息娱乐化"的方向发展。当下的研究鼓励我们反思协商场所或抗议场所扮演的角色。意义从来就不是一成不变的。传媒话语和受众释义都具有多义性的特点，这种特点引发的许多后果在这里都无法展开论述。我们只强调一个很重要的问题：意义的"自由发挥"与社会结构及意识形态系统性的特征这两个方面，它们之间

---

① KELLNER, D., *Critical Theory, Marxism and Modernity*, Baltimore, Johns Hopkins University Press, 1989.
② De CERTEAU, M., *The Practice of Everyday Life*, Berkely, University of California Press, 1984.
　FISKE, J., *Television Culture*, Londres, Methuen, 1987.

的关系是什么?

具有不同概念、不同理论、不同方法论的流派聚拢在文化学派中,[1] 它们都有助于了解公共空间中意义生产的动力。令人遗憾的是,大部分研究是关于虚构作品而不是关于新闻报道和信息的,而在新闻和信息领域,大胆的理论研究追求[2]的对象只有被广泛研究的电视新闻,关于公共空间其他媒介的研究相对都未受到重视。而传统的实证研究和内容分析从社会学的维度传授给我们很多有关报刊的知识。但是有关读者在意义生产过程作用的研究并没有告诉我们太多的东西。文化研究有许多值得新闻学借鉴之处。

在本文中,述者特别在意对公共空间这个概念做出的某种解析。这个概念映射出两个重大问题,首先是体制性结构的问题;其次是不甚清晰的意义生产过程。然而,论及公共空间,在实践层面上,要学会如何在大量的传媒话语中识别其表现形式;学会辨认那些说出来的内容、那些没

---

[1] REAL, M., *Supermedia: A Cultural Studies Approach*, Londres, Sage, 1989.
[2] COLLINS, J., "Watching ourselves watch television, or who's your argent?", *Cultural Studies*, octobre, vol. 3, n°3, 1989.

公共空间和传媒：一个新的时代？

有说出来的内容以及说出来的内容的表达方式。这就要熟悉相关的主题、论争、表达风格、演讲模式和修辞方式等。这种对熟悉的诉求不仅仅是理论层面的理解，也是具体的政治参与的前提——必须是在公共空间内或以公共空间的名义引导的具体参与。从未有人断言过当一名公民是件容易做到的事情……

作者：彼得·达尔格伦[①]（依据其发表于1994年的论文《图像中的公共空间》改写）

[①] 彼得·达尔格伦（Peter Dahlgren），瑞士隆德大学媒介与传播学教授。

公共空间

话语的空间[1]

我们都习惯于这种断定:"口说无凭,落笔为据。"如此一来没有什么是不确定的。有些词语敲击着生命,它们可以伤害人、可以治愈人、可以折磨人,也可以爱抚人。所有这一切都取决于是谁在说,以及在什么地方说。我将以19世纪中叶的咖啡馆为例,来探究地点与话语影响力之间的复杂关系,前者关乎其建筑、环境、创建与否等因素,而后者则关乎被称为介质(médium)、中项(médiat)[2]、媒介(média)和中介(médiation)

---

[1] 原文的第一部分将教堂(关乎讲坛与布道、忏悔与认罪、歌曲与神学话语等)视为"公共空间"来进行研究。本书没有收录这一部分的内容。

[2] 中项(médiat):形容词,意即与直接因素相反,只与某种间接因素有关。

等的因素。包括反叛精神、乌托邦的设计、对社会秩序的抗议以及对未来各种改革方案的探究等在内的一切，都是城区流行文化的特征。具有选择性和隔离性的街道及其周边的小咖啡馆构成了公共空间，也建构了时代民主话语的常识。之前历史学家们（如莫里斯·阿居隆[①]、乔治·迪沃[②]、让-马里·古勒莫[③]等）、哲学家们（如瓦尔特·本雅明[④]、罗杰·凯洛伊斯[⑤]等）、小说家们以及时代的见证者们所做的贡献，将被用作我们反思的素材。

---

① 莫里斯·阿居隆（Maurice Agulhon，1926—2014）：法国当代史学家，曾任法兰西公学院教授。——译注
② 乔治·迪沃（Georges Duveau，1903—1958）：法国作家、历史学家和社会学家，1927年出版的《浪漫主义的遗嘱》是其代表作。——译注
③ 让·马里·古勒莫（Jean Marie Goulemot，1937—）：法国历史学家，以研究18世纪文化观念和实践见长。——译注
④ 瓦尔特·本雅明（Walter Benjamin，1892—1940）：德国哲学家、文化评论者、折中主义思想家，与法兰克福学派关系密切。——译注
⑤ 罗杰·凯洛伊斯（Roger Caillois，1913—1978）：法国作家、社会学家和文学批评家。在他去世后，法国的一项文学奖以他的名字命名。——译注

公共空间

咖啡馆：一个既包容又互斥的场所[1]

在整个动荡的 19 世纪，咖啡馆、小酒吧、酒店、歌舞厅及小饭店等处都是聚会的地方。它们

---

[1] 关于这个主题和这个时期的专著比比皆是，本文作者主要参考了以下作品：

Maurice AGULHON, *Le cercle dans la France bourgeoise, 1810-1848, étude d'une mutation de sociabilité*, Paris, Armand Colin, 1977.

Georges DUVEAU. *La vie ouvrière en France sous le second empire*, Paris, éd. Gallimard, 1946.

Frank Paul BOWMAN, *Le Christ des barricades (1789-1848)*, traduction franc,aise, Paris, éd. Cerf, 1987.

Henry-Melchior DE LANGLE, *Le Petit monde des caféset débits parisiens au XIXe siècle*, Paris, PUF, 1990.

Jean-Claude CARON, *Générations romantiques, les étudiants de Paris et le Quartier Latin (1814-1851)*, Paris, Armand Colin, 1991.

Sébastien CHARLETY, *Histoire du saint-simonisme*, Paris, éd. Hartmann, 1931.

Jacques RANCIERE, *La nuit des prolétaires, archives du rêve ouvrier*, Paris, éd. Fayard, 1981.

Docteur VERON. *Mémoires d'un bourgeois de Paris*, 2 vols, Paris, éd. Guy Le Prat, 1946.

中的每一处都有固定的常客,并不存在客人各处来回串或经常光顾好几个咖啡馆或酒吧的问题。每一家咖啡馆都被认为是这种或那种激情支持者的聚会场所。这家咖啡馆也许接待了奇装异服的波西米亚人,而那家咖啡馆则庇护了一些具有某种政治倾向的共和党人、或受贝奎尔①影响的集体主义者,甚至还有受卡贝②影响的共产主义者。这些咖啡馆是人们在街道以外相聚和直接交锋的地点。这是一道护栏,它是由形塑某种社会互动关系的各种机遇迅速搭建而成的,诱发起码的传播沟通活动的正是这种社会互动关系。顾客之间的关系通过以临时而不甚稳定为特点的争吵被巩固。这些男人(因为"正派"的女人不会频繁光顾这些地方)置身于某家特定的咖啡馆,这意味着他们属于某个俱乐部、某个小圈子、某个协会、某个职业团体、某个政治联盟或某个公会(我还

---

① 康斯坦丁·贝奎尔(Constantin Pecqueur,1801—1887):法国经济学家、社会主义理论家和政治家,马克思在写作《资本论》时受到其影响。——译注
② 艾蒂耶纳·卡贝(Étienne Cabet,1788—1856):法国政治家、思想家,将自己定义为"共产主义者"的第一人。马克思和恩格斯将其列为空想社会主义者。——译注

公共空间

能再例举出些别的什么?),他们是为了分享相同的理想、为了置身于友善的氛围而相聚在一起的。

咖啡馆是一个同时集融入和排斥于一身的场所。但在这个新的思想圣殿中发出的声音不是某种即兴的表述,而是在进行评论。这是阅读和欣赏某个文本、某个印刷文本作者论题的声音。事实上,没有报刊就没有这类咖啡馆。即使是当天那些体力劳动者口中的抚慰失意心灵的歌曲,也是某种反映民意的文本:

> 钞票极少,失业率很高。
> 你的儿子们呢?都去当了炮灰。
> 坐在特里亚农官恺撒的软垫长椅上,
> 他很享受。而有人却在受苦!啊!
何等的命运!
> 钟楼里传来雅克兄弟的乐声
> 他俩在庄园主那儿结清了账目……

维持各种讨论:借诸新生的报刊

如同某首歌的一个唱段,第二帝国时期

(1852—1870),在波尔多市的共和派人士聚集的咖啡馆里,人们倾心于《人民的觉醒》①,但人们也在大声唱着另外一首耳熟能详的歌曲,比如说《马赛曲》②。因此,咖啡馆就是这么一个地方:在这里,未来社会得以构想;在这里,关于世界的想象引发争议。咖啡馆只能基于、使用和围绕报刊——这种新的信息和舆论的载体而存在。我们应该承认,尽管国家审查制度依旧存在,但重建新闻自由的努力势必会引发新闻事业名副其实的爆炸式增长……我们还应该说,1789 年的法国大革命对人们来说仍然记忆犹新,大家都了解当时新闻界非凡的表现。拿破仑一世(1804—1815 在位)始终钳制报纸言论,直到路易·菲利普时期(1830—1848 在位),预防性新闻审查才被取消,以期促进多元化报刊的发展,并影响更为

---

① 《人民的觉醒》(Le Réveil du Peuple)是法国大革命时代的一首歌曲,极受保皇党和反雅各宾派的欢迎,歌词中既有对过激的革命行为的不满,也有对雅各宾派的攻击和对《马赛曲》的异议。——译注
② 《马赛曲》是法国大革命时期(1789—1799)的一首爱国歌曲,后被定为法国国歌。——译注

"广大"的公众。埃米尔·德·吉拉丹[①]于1836年推出了《新闻报》(La Presse),此报纸旋即获得了2万份的订阅量。为了与《新闻报》竞争,杜塔克[②]创办了《世纪报》(Le Siècle),并宣称该报拥有3万名订阅者。一些著名的作家(例如托克维尔和拉马丁等)也与报刊合作;一些小说以连载的方式在报刊上刊登,例如欧仁·苏的小说《流浪的犹太人》在《争论报》(Le Journal des débats)上连载,又如维克多·雨果的《巴黎圣母院》在《立宪报》(Le constitutionnel)上连载。幽默的漫画以一种放肆而有益于健康的风格出现在报刊上。当时一些杰出的插图画家都非常受欢迎,例如1830年《讽刺画》(La Caricature)

[①] 埃米尔·德·吉拉丹(Emile de Girardin, 1802—1881):法国记者和政治家。作为《新闻报》(La Presse)的创办人,他将订阅价格降低了一半以增加订户数量,并靠增加广告量,在市场竞争中占据优势地位。——译注

[②] 阿尔芒·杜塔克(Armand Dutacq, 1810—1856):法国报刊业主和出版商,法国廉价报刊的先驱者。他和竞争对手《新闻报》的老板吉拉丹共同开创了在报上分章节连载长篇小说的办报技巧,并率先推出了沿路卖报的营销方式。——译注

话语的空间

刊出了杜米埃①、莫里耶（Monnier）、格兰维尔（Grandville）和拉费（Raffet）等一批名画家创作的漫画；1832年之后，画家加瓦尔尼（Gavarni）、托尼·约翰诺（Tony Johannot）和杜米埃也都参与了漫画《喧闹》（*Le Charivari*）的创作。

当时的报刊在本质上属于一种带有倾向性观点的媒体，与现今我们越来越了解的情况正好相反。"社会主义"一词的发明者皮埃尔·勒鲁（Pierre Leroux）创办的《全球报》（*Le Globe*）于1830年被圣西门主义②的信徒收购。安凡丹③（B. P. Enfantin）要求政治家、经济学家米歇尔·夏拉兹（Michel Chevalier）与自己合作："来吧，米歇尔，为了我们！老伏尔泰的时代，到来了！三楼为你预留的房间已经准备好了，你将

---

① 奥诺雷·杜米埃（Honoré Daumier，1808—1879）：法国著名画家、讽刺漫画家、雕塑家和版画家，是当时法国最多产的艺术家之一。——译注
② 圣西门主义：基于圣西门（Claud-Henri de Rouvroy de Saint-Simon，1760—1825）的学说，以建立一个没有资本主义弊端的理想社会为主张，也被称为空想社会主义或乌托邦社会主义。——译注
③ 安凡丹（B. Prosper Enfantin，1796—1864）：法国作家、企业家，圣西门主义的创始人之一。——译注

会和你的兄弟莱米尼耶（Lerminier）和勒鲁（Leroux）一起住，在你父亲马尔热兰（Margerin）庇护下。你来帮我们给所有这些蓄着小胡子的资产者、给所有那些法案评议委员会的酒囊饭袋以及所有这些上头条新闻的人物们制造点麻烦……你是众多预言家捏成的面团。"《全球报》是一个战斗的工具、宣传的工具，此报主要是为了说服读者们相信圣西门主义理论的真实性。这一点是非常清晰的、纯粹的和准确的。报纸的终极目标毫无疑问是鲜明的，一如报头下标明的本报箴言："所有的社会机构都必须致力于改善人口数最多而且最贫困阶层的精神境遇、肉体境遇和文化境遇；各种关于出生的特权一律都将被废除；每个人都根据其能力、每项能力都根据其工作来评定。"

这样一种满怀信仰的职业活动是日常的，就像一种新宗教的祈祷。《全球报》投入圣西门主义信徒毫不懈怠地进行的传道工作和使命之中，甚至成了圣西门主义信徒传播理想的主要手段。在咖啡馆里，您会说什么呢？作为商业场所的咖啡馆，里面充满着各种声音，商业交易自身的转义也在于……民意就是这样在咖啡馆里形成的。皮埃尔-约瑟夫·蒲鲁东[①]在他的《日记》中嘲笑这种民意时表示,"民意是模糊的、难以捉摸的和神奇的,它是某天早上产生的内幕传闻,经过了记者们的喋喋不休和某个演说家奇思妙想的某种东西。民意是人类大脑沮丧的表现",它是扰乱、动员、打破或重新激发社会活动人士的活力。咖啡馆里人们会闻到硫黄的味道吗?当然,这也就是为什么那么多便衣警察到咖啡馆里来打探,他们不仅仅是为了监视酒吧里客人们血液中的酒精含量,也是为了搜集反抗的信息以及"危险阶层"甜中带苦的言论,同时还为了估计某个谣言的扩散范围以及预防民众的不满,因为这样的不满嘟囔积累到一定的程度,很快就会在街头爆发,并传到另一个街区、另一座城市。

在那个时代的小说中,阴谋家们偷偷地躲在小客栈里,匿名的群众保护着这些老顾客。理想主义者大声地说梦,并让其他消费者也做同样的梦。有时候是酒精在作怪,使话语变得糊涂、犹

[①] 皮埃尔-约瑟夫·蒲鲁东(P-J. Proudhon, 1809—1865):法国记者、经济学家、哲学家和社会学家,无政府主义的先驱,19世纪时唯一来自工人阶层的革命理论家。——译注

豫、结巴、重复、含糊或咄咄逼人,同时伴有呜咽。这样的话语没有记忆力,一个耳朵进、一个耳朵出,飞逝在空中。这种话语不作数,它只是表示痛苦、恐惧、孤独、单纯的劳累或筋疲力竭,它表示拒绝回到自己破旧的房子里睡觉,而更愿意待在一个温暖的集体气氛中,这个集体从不评价,只是倾听再倾听,时而举杯相碰。这是另一种社交形式。如果言归教学话语——启发《无产者之夜》[①]的教学话语,那话语就会从报纸的阅读跳到工作坊的言谈,从咖啡馆的讨论跳到街区的公开会议。在咖啡馆里,这种话语找到了非常宝贵的回音室。在咖啡馆里,某种思想的有效性及合法性在听众中间得以成倍扩散。

---

① 《无产者之夜》是法国当代哲学家雅克·朗西埃(Jacques Rancière,1940—)于1981年出版的一部专著,全名为《无产者之夜:工人梦档案》(*La nuit des prolétaires: Archives du rêve ouvrier*),书中主要论述了圣西门时代的工人教育和工人文化。——译注

话语的空间

放大公共话语：一个人性化的地方

咖啡馆是测试某个主张是否受阻的场所。正是在咖啡馆里，可以得知某个主张是否获得支持。德尼·狄德罗（Denis Diderot）撰写《崇高》（Le Sublime）（这本书对左拉构想其《小酒店》有所助益）的时候，他将酒徒划分了层级，同时他也认可咖啡馆里的社会力量。除了饮酒过度，我们在咖啡馆的运作中发现了某种社会观念。在咖啡馆里，这些从内心释放出来的、具有反叛意味的声音，却来自神圣原则的受害者们，他们说的时候需小心隔墙有耳。一个工人把他的同伴带去小酒馆，并对他说，"来吧，你这粗鲁的家伙，你都不知道什么能取悦上帝，你是伟大的工人"。伟大并不仅仅是指一个能够消费惊人数量饮料的酒鬼，他往往是他部门中最好的工人之一。在1860年的法国，有超过50万家酒吧存在，数量显现其重要性。咖啡馆的品质也显示了其重要性，这个"人人之家"是个神奇的地方，在此，人们于某一时间、或仅仅于某一时间，让自己对自己好一些。

公共空间

通过小酒馆这个放大器产生回响的日报或周报发挥了重要的作用,但历史学家们还没有真正地去测评。这里仍然有一个有待研究的广阔领域。

小咖啡馆的空间是大逆不道的,也是世俗的。然而这里面却安居着信仰、信心、对英雄主义的渴望、夺取胜利的意愿以及真心实意等。在那些动荡岁月中,咖啡馆意味着可能性和未来。那对城市而言呢?城市的脉动依循所有居民呼吸的节奏,这是一群睡得高枕无忧、向往一个更加美好世界、祈求改变并生活在快乐之中、阅读卡贝作品并打算找到伊加利亚[①]、满脑子乌托邦思想的居民。城市就是一系列复杂的变化,它决定并刺激传通,将之倍增,驱使它进入一个持续的对话。

城市是一座剧院……

作者:特瑞·帕戈[②](依据其发表于1992年的论文《各种公共空间、各种传统与各种社群》改写)

[①] 《伊加利亚旅行记》(*Voyage en Icarie*)是法国空想社会主义作家卡贝于1840年发表的著作,在书中,卡贝按照乌托邦理想的模式,描述了一个名为伊加利亚(Icarie)的理想城市。——译注
[②] 特瑞·帕戈(Thierry Paquot),城市哲学教授,供职于巴黎十二大城市规划研究所。

公共空间与经济领域

　　我们在关注互助经济（économie solidaire）[①]和公共空间关系的时候，必须将其辑录在公共空间与商品经济范畴总的关系史中。资本主义民主社会存在着一个公共空间，这成为其与其他社会的本质区别，公共空间架构了政治生活以及各种行政机构与社会交往组织之间的关系。从社会学的角度出发，我们置疑公共空间与市场之间的关系。我们同样也置疑政治民主与市场经济运作之

[①] "互助经济"的全称为"社会与互助经济"（ESS, Economie Sociale et Solidaire），亦称"团结经济"，是指以合作社、互助社团、协会或基金会的形式组织的经济活动，旨在通过另类方式，以不同的方式生产、消费、使用、交换和创造财富，其内部运作原则在基于团结和社会效用原则的同时，十分尊重人类及其环境理念。——译注

间的联系（这几乎是个关乎企业民主的禁忌问题）。

具有象征意义的公共空间

在从传通意义层面着手研究公共空间问题之前，有必要过问一下经常混淆的一个问题，即与更广词义混淆的问题。在古代，希腊人自己早已在体制层面将社会空间进行划分了："房子"（oikos）意味着严格的私人空间；"集市"（agora）则表示一个同时具有公共和私人属性的空间，市民们在此自由聚会，但它不属于政治范畴；"教堂"（ekklesia）是本义上的公共空间，在教堂里面，市民们基本上通过口头交流，面对大家坦陈自己的意见、商议共同事务，并没有人将这种口头传通活动归类于基于修辞手段的对话形式。无论社会的形态如何，都存在上面言及的"公共"和"私人"两种空间，但某些人（如没有私人空间的奴隶等）被排除在外。但是如果没有第三种空间——辩论和具有政治选择的空间，民主社会也就无从谈起。无论"房子"还是"集市"，其中都有传通活动。但是当这种活动是通过公共传播（意即所有市民都可以参与）的方式来实现时，它的性质就是个人的（而非公共的——译者）。而作为以"公共与公众"为使命的空间，"教堂"（ekklesia）首先就是一个思想、价值观、信息和社会知识流通与交换的社会空间。它基本上被界定为具有象征意义（即具有最广义的各种再现方式）的公共空间。这也是它有别于公共空间这一宽泛而朦胧的概念之缘由，我们不仅将公共空间视作世俗领域，而且还明白二者之间并无明确的界线。

公共空间：既不平等又具冲突性

应用公共空间这一概念需有某种批判性的复议机制，因此本文也应非常简短地就此做出一些陈述。事实上，公开性原则的核心概念，或者说由个人构成的公众之理性的公开应用，会对一些社会分析提出质疑。这一概念倾向于减少个体间语言交流过程中的传通活动，虽然这个过程被传播手段媒介化了。它并没有考虑到一些专门的社会场域以及不同形式的社会归属在传通过程中的协调作用。因而，在形塑政治或文化表征时，地位、组织和社会权力诸方面的不平等情况也没有被考虑进去。问题在于，只有在预先确定具体的社会关系的理想状况或规范性原则的情况下，公共空间才会被考虑。这个具有象征意义的原则自然出现在集体表征之中，但实际上却与现实社会领域里各种不平等的社会关系以及各种不平等的地位相矛盾。公共空间不是民主国家与主权公民社会之间调解的正式场所。它是不同利益及矛盾的社会立场之间的调解场域，舆论在形成过程中必然会经历不平等的文化形式和符号形式。

从这些考量出发，我们可以在象征性、传通性公共空间中确定四种调解形式。其一，公共空间通过社会中现有的各种传通方式来象征性地形成舆论的场域；其二，它通过全民普选、议会制和多党制来形成政治意志的场域；其三，它是国家和公民社会之间的调解空间；其四，公共空间并不是理想的、抽象的民主共识之场所，而是表达不平等的社会关系及统治关系的冲突场域。

公共空间与经济的关系

在 19 世纪资产阶级的公共领域中，企业和市场曾长期由公共空间来分包。在那个时代，经济场域基本上分属国家权威机构。正如莫里斯·戈德里埃（Maurice Godelier）等人指出的那样，先前混为一谈的经济职能和政治职能，分开归到了两个不同的社会结构之中，伴随着经济自由主义理念，经济几乎完全地分属私营领域。在这个"放任自由"的时期，国家没有干预企业和市场的运作。因此，公司生存权及对员工的管辖权完全掌握在企业主手中。人们都知道他们曾经如何在最大限度上利用这种"自由"，并一直利用至今，不过换作了其他的形式，例如，雇佣童工、无限止的工作时间、极低的工资、随意解雇、禁止工会组织以及高压手段等。[①]

私营经济场域与公共空间之间断裂的这种原始状态使得哈贝马斯认为，资本主义和民主之间

---

① GODELIER, M., *L'Idéal et le matériel*, Paris, Fayard, 1984.

曾一直存在某种结构性的、难以忍受的矛盾。①1929年全球的经济危机结束以后，经济场域从其基本的私营结构中摆脱出来，并与凯恩斯主义信奉的社会福利国家理念相互渗透。这类国家对生产方面和贸易方面的规制日益加强，经济法和劳动法的持续扩展在不同的国家以不同的形式表达出来（例如，美国的规章制度的作用、欧洲的公私营混合经济模式等）。在这个阶段，随着政治与经济的相互渗透，出现了经济场域与公共空间紧密联系在一起的趋势，与此同时，大众传媒广告传播的发展与大卖场商业销售的普及化也在同步发展。

市场和企业强势涌入公共空间

我们生活在一个企业涌入公共空间的时代，公共空间具有表征集体的、结构性意义的正向价值。在以大众消费为特征的"黄金三十年"② 时

---

① HABERMAS, J., *Connaissance et intérêt*, Paris, Gallimard, 1976.
② "黄金三十年"（1945—1973），是指二战结束之后，法国经济强劲增长和生活条件显著改善的历史时期。当时，法国建立了高度发达的社会福利体系，名列世界最发达国家。后因石油危机爆发，法国经济增长减速，"黄金三十年"亦随之告终。——译注

期,经济界首先对具有公民性和象征意义的公共空间进行投资:一是与媒体有关的广告传播业;二是两个主要的新形态,即新的公共场所或以购物中心为形式的社交场所。企业闯入公共空间的核心问题经历了一段漫长的时期,在这段时期,私营企业在公众眼中曾一直是模糊而负面的。这种情况是由欧洲政治权力和经济权力的均衡关系所导致的,特别是法国和意大利,其强大的劳工运动及有影响力的党派和工会所具有的代表性左右了政经关系,并表达出另类资本主义的一种可能性。从20世纪60年代开始,经济生活与政治生活的力量对比及一些组织的解构与重构,造成了公共空间的结构及不同行为主体的转型。本文无意在此分析这个过程多重而深刻的原因,而将其置于影响西方国家经济和治理的全球性危机中进行研究,同时也将经济力量与政治力量对比重新定位,并将其置于国际社会的整个体系之中进行分析。

被市场经济降服的公共空间

从20世纪70年代末开始,公共空间的结构和传播场域的结构被政治家、记者、各种工会组织和各种政治组织之间力量对比关系的转型而弄得乱七八糟,事实上,各种政治民意调查机构和各种传播顾问的现身①也是造成这种局面的一部分原因。借助于这些中介,源自经济场域的广告营销不仅成为公共空间传播的主要形式,而且还引入了各种感知社会现实的模式。电视在公共空间中的统领地位,可能只是一个更深层次现象的蔚为奇观的表面现象。而这种更深层次的现象正以新型智能技术为中介,植根于公共空间传播形式的新结构之中,这些新型智能技术成为思考相关问题的过程。市场营销在各种组织形式层面的普及过程,导致了一种新型的策略性和传通性的社会管理(这是具有决定性意义的核心所在),而电视在其中则发挥了广义上的协调作用。换句话来说,市场对公共空间的渗透是一个持续的过程,它开始于广告对报业的投资,继而投放于广播电视业。在法国,随着20世纪80年代初企业对公共空间的入侵,这个过程急剧加速。但必须注意

---

① 民意调查机构主要起源于为企业商业营销服务的市场研究。企业和机构内部的民意调查多集中在私密用途,后来逐渐扩大到公共用途,旨在表达公民的意见。

到的是，这个过程相对来说是单向度的，反过来，从公共空间的各种行为主体进入企业和市场的角度来看，这方面的运作却很少，而且这方面的运作既不容易进行还受到严格的控制。

互助经济更新公共空间？

假如我们承认经济生活与公共空间是全然分离的，承认企业和市场单方面地闯入了公共空间，那么是否还有可能来设想在一个新的集成体中二者彼此的相互作用？

团结互助、公正性和公共辩论

互助经济表现出了与自由主义市场经济逻辑、市场经济的国家规制逻辑不同的逻辑。互助经济可以同时存在于商业逻辑之中和商业逻辑之外。它有别于自由经济，即互助经济并不基于寻找商业或金融利润的目的，而是基于找到最大可能公平地交换财富、服务或社会关系等的愿望。与凯恩斯主义经济学观点不同的是，互助经济不希望融入国家规制或官僚体系。互助经济遵从的不是自上而下颁布的规则，而更多地是建立在一个自下而上进行规制的协作模式的基础上。

在本文作者看来，这似乎属于公共空间介入的问题。如果这既不是市场的"看不见的手"，也不属于国家机构的规制，那就必须找见另一种经济规制模式。这就是在互助经济的每一种配置形式中，为什么人们会发现旨在共同建构交往条件的、几近"自然的"辩论空间或论证空间。一旦建构了辩论和共同商议选择的空间，或者是建构了中介性空间，公共空间的问题就是开放性的了。在经济交往中，传通占据了首选地位，它不再仅仅是获取信息的问题，而是使辩论成为经济交往的核心要素的问题了。

我们可以补充的是，在这方面的经验中，寻求交往关系的接近性是极富深意的特征之一。哈贝马斯已经注意到众多用户与公共服务官僚机构之间的空间距离和真实距离是传通活动工具化的强有力的缘由之一。"权力中介"把现实世界的交往关系凝结成政治子系统中非个人化的、并带有盲目性的各种规则。它带来的后果是，公共空间与现实生活分离，而辩论被规制性手段所替代。如果没有被巨大的转移替换到用户和公民关系实实在在的场地上的话,"去集中化"的政策似乎仍然是一个空洞的词语。

在此,取舍是明晰的:或者是选择专家和民意调查机构继续通过日益尖端的技术来分析社会需求,或者是在更新后的和多元化的公共空间中选择来自当事人本身的社会信息,令其重新成为唯一互动手段的论辩式交流。这是公共空间为了贴近社会需求而使辩论倍增所必须付出的代价。在此且不遑论直接民主(当然我们也没有忘记让-雅克·卢梭在其《社会契约》一书中言及的关于代议制民主的各种风险),互助经济依然凸显了参与式民主的必要性,而其中决策与行动之间的接近度是一致的。

经济与妥协的公共空间

我们可以将互助经济的各种经验分为三种类型:第一种类型的互助经济注重商业性的利益和服务同非商业性的利益和服务之间公平交换的能动性;第二种类型的互助经济试图构想一些在劳动关系上相对横向的企业;第三种类型的互助经济以弥补公共服务或地方行政优势的不足为目标,或以扩充这种优势为目标。我们总是能够在这三种类型的互助经济中找到三个相同的特点:第一,它们都不去一味地追求利润，而只强调公平交换的意愿或者体现团结互助的意愿即可；第二，关于经济活动的目标和功用的决定都建立在各参与方讨论、并在整体上顾及各种现实利益从而寻求达成共识的基础之上；第三，这三种类型的互助经济或寻求弥补社会机构在财富及服务供给方面的不足，或致力于促进问题重重的人群重新融入社会。上述第二个相同特点言及的经验，是基于公共空间在局部或在当地应发挥的职责之上的，因为这些经验限于特定的社会空间本身，而且互助经济并不会获得普适的合法性。但是，我们将不在这里讨论那些局部性公共空间与同一性质的公共空间的相关性问题（因为前者并不包括在后者之中）。也就是说，如果19世纪资产阶级纳税范畴始终不能被理解为一个真正的公共空间，那是因为这一范畴将民众的大多数排除在全民普选和公民辩论之外，但它却一直表征着某种预兆。我们也可以用同样的方式来看待互助经济的经验。因而，我们便可以修正这种经济逻辑所预示的十分可怕的断裂。当然，互助经济无意成为唯一的模式，而是以成为可发展的、契合私营和公营商业逻辑的模式为己任。正因为我们讨论的是在地的、不完全的公共空间,所以我们可以确认互助经济的模式既提供了生产者和消费者公平交流的机会,也提供了民选代表和公民、管理层和员工参与式交流的机会。即使这不是追求的目标,经济也变得与公共空间完全兼容,因为经济方面的选择已经融入了民主选择的空间。借用哈贝马斯的词语"货币介质",或更为广义的各种商业关系,以避免传播活动的病原性凝缩,"货币介质"可以回到语言层面相互理解意义上的"真实世界"。

超越经济主义

我们回归到哈贝马斯的另外一个见解上来看问题是颇有益处的。哈贝马斯曾经指出,马克思将个人之间的互动渠道仅仅视为工作渠道的观点失之偏颇。除了这一经济意义上的渠道之外,马克思遮蔽了另一个渠道的存在,即弗洛伊德发现的个人之间互动的象征意义上的渠道。[1] 相对于通过工作来进行约束的系统,还必须增加通过社交规则的内化来进行约束的系统。这种包含在经济领域中的互动关系既是经济的,也是象征性的。

---

[1] HABERMAS, J., *Connaissance et intérêt*, Paris, Gallimard, 1976.

这明显地意味着不能简单地用工具逻辑来概括经济范畴，被我们称为经济范畴的，除了财富的生产、交换及服务之外，还包括创造价值或满足消费者的各种需求。民主理性也必须渗透到经济范畴中。马克思曾经以生产手段的集体占有为形式提出了这个问题。但是今天我们知道，仅仅依靠这个安排不可能阻止建立新的统治形式，甚至不能阻止某种形式的国家资本主义。然而，这位德国的哲学家和经济学家在其时代只能在消费问题之外置疑生产问题。而今，商品生产和消费合为一体，共同危及自然资源和人类福祉。"如果我们要鼓励社会通过避免对市场的依附性来进行思考的话，首先就应该通过超越功利的经济学修辞来揭露狂热消费的人类学根源。"但是，如果"消费个性化带来的自主意识，构成了来自生产者/消费者的利润之重要组成部分"，而且"一旦摆脱物质束缚和社会束缚到达了某一阶段，即对个人与地球的警示越来越多的时候，一切都会发生改变"。[1] 那么人必然会意识到，幸福至少和社会关

---

[1] Perret, B., Roustang, G., *L'économie contre la société*, Paris, Seuil, 1993.

系的质量以及商品交换的丰富性相关联。如果市场成为各国财富积累的前提，那么奠定社会关系和政治关系质量的正是民主。

总而言之，当互助经济的推动者朝向公共空间逻辑的时候，他们用民主理性来影响经济活动的做法便是理所当然的了。他们不啻提出了某种新型经济组织方式的三重要求，即众多个人来集体反思其生产和消费活动的意义，讨论看上去最尊重社会、个人和自然的经济取向，集体来决定他们的选择。这意味着民主的公共空间必须同时影响企业的组织和消费场域。这又直接回归到重新啮合，或回归到政治范畴和经济范畴的互相渗透，换言之，把公共空间引入企业和市场。当看不见的手和福利国家都不能孕育互助经济的时候，公民们只好自己来公开讨论各种经济遭遇了。

作者：伯纳德·佛洛里斯[①]（依据其2003年发表于《赫尔墨斯》第36辑的论文《互助经济与民主》改写）

[①] 伯纳德·佛洛里斯（Bernard Floris），法国司汤达大学（格勒诺布尔三大）副教授。

公共空间

共同空间或公共空间?
共同体与公开性之对立

公共空间的想法有别于共同体想法。领会它们之间的差异同理解它们之间的啮合同样重要。每一个公共空间似乎都首先是一个共同空间。但是,一个空间通过何种方式才能够成为共同空间呢?这个问题的答案即为了解领域何以变成公共空间之关键。事实上,存在着不少非公共的共同空间和共同体,在此意义上(而且不仅仅在法律意义上),我们称其为私人领域。相反,人们可以认为,某个政治共同体是组建于某个公共空间的制度基础上的。共同体的特性必须从公开性的角度来理解。共同空间与公共空间之间的关系可以通过两个相关的问题来阐明:我们是如何从共同的过渡到公共的?哪个共同体是从公共空间建立起来的?如此一来,我们或可以根据其相同点或共同点

共同空间或公共空间？共同体与公开性之对立

来界定某个社会所认可的共同体的状态，而这个社会的政治空间首先会通过设置公共事务（res publica①）来呈现。

共同体和公共空间：两个概念之间的啮合

共同体是一个令人费解的理念。这不仅因为共同体可以有不同的呈现形态（如恋人或友人共同体、家庭或工作共同体、宗教或政治共同体等），而且还主要是因为它具有的幻想性：社团主义乌托邦似乎必然与共同体的理念有难以割舍的关系。

基于这种社团性幻想，我们可以对这种在共融中得到验证的、时有时无的共同体形式进行测评。它首先可以在恋人共同体中得到确认，在彼此的融合中，两个人相向的关系以无私和剥离自我交给对方的方式消失殆尽，这使共同的联盟——常见的联盟，显示自己与另一半同样忘我，

---

① Res publica：来源于拉丁词汇，意思是"公共事务"，之后逐渐演变成"共和国"一词。

公共空间

显示具有两种原始特性的单一体逐渐消失。根据分享基督身体的范例，这种融合的形态也在圣事共同体中得到重新演绎。它左右了许多共同体的理念或经验，无论是博爱者共同体、平等人共同体，还是萨特①（Sartre）所谓的"融合的团体"等的理念或经验。说到底，我们知道至少是从拉波哀西②（La Boétie）以来，共同体的形态是如何通过浑然一体的激情、或通过重复着神圣同化奥秘的实质性共同体神话，才获得政治意义的，同时，我们也知道它是如何促成某种社会形式的，它在把社会团体建成一个有机整体之时，也毁坏了整个公共空间。

共同体这种时有时无的形式将（思想或情感的）相通性视作传通的矛盾结果。反过来，它也表明公共空间的体例恰恰就在于保持自身与共同

---

① 让-保罗·萨特（Jean-Paul Charles Aymard Sartre, 1905—1980）：法国著名哲学家、作家、社会活动家，战后存在主义思潮的领军人物，其作品和人格被视作法国的知识分子和政治生活的象征符号。——译注

② 艾蒂安·拉波哀西（Étienne de La Boétie, 1530—1563）：法国法官、作家和"法国现代政治哲学的奠基人"，他与法国著名散文家米歇尔·蒙田（Michel de Montaigne）之间的友情，被称为"历史上最著名的友谊之一"。——译注

共同空间或公共空间？共同体与公开性之对立

体的距离，当然，它在将个人带给他者的同时，又令他们相互回避，这个体例还在于使他们处于互不恰当（impropriété mutuelle）的社会制度之下，以保持某种可能的交换理由。这是一个有区隔的空间，一个禁止自我奉献、保留自我绑架的调解空间。因而，在一个公共空间中突然出现了完全相悖的某种维度。但是这个悖论也许是最能证明公共空间的。如果我们想理解公共空间中那些发挥着共同作用的因素的话，我们首先必须掌握这个空间以何种模式或何种社团制度来消减共同体。

共同体倾向于转换，从严格的意义上而言，这是转向上帝的行动，是转向一个更高阶段的实际存在，共同体的成员作为一个具有附属感的实体的一部分，彼此混为一体；而且在一般意义上，自我的加入和转变使得信徒、兄弟、同伴、同胞等成为共同体的成员，简而言之，大家成为同一个实体的成员。与这种向社团靠拢的固有性转变相反的是，公共空间在社会内部展现为钳制空间，一方面阻止社会实体的人格化，另一方面，以社团认同的名义将个人从大规模的成员体中转移出去。通过同样的方式，任何共同体都倾向于混同、倾向于共同的融合。相反，公共空间必须被理解为一个扩散的空间,因为它不是把个人融入浑然一体的形态中,而是在将整个社会凝聚成统一体的同时,将个人推广至公共空间,将他们外化,并与他们保持距离。扩散的空间也是如此,因为它把自己当作分散的个人之间的传输地点和传输方式,从而建立和保持一种可能的传通。

我们或可将公共空间理解为某种反对发散而倾向于融合的运动,或理解为某种反对变向而接受变化的运动、某种反对弥散而赞同混杂的运动,简而言之,某种反对分裂而倾向于共融的运动。然而,为了强化这个特征,我们不要冒着排斥共同体意义的风险来描述那些仅是扁平叠加的、散落在公共空间中的事物,这难道没有共同之处吗?社会形态中扁平化的共同体被形容为对私人幸福、对共同体的政治命运漠不关心的、后撤的、个人主义的、冷漠的和偶然的集合。共同体的奇怪间距将会被稀释到公共空间,不会达到公共事务,即不会达到具有共同的承诺和共同政治责任的目的。减少投入和失去兴趣将是距离和空间产生的不利影响:过分地将个人与共同体隔开,像许多外来的和非政治化的单子一样。那么,政治和媒体调解机构似乎只能确保传播一种对共同体生活

共同空间或公共空间？共同体与公开性之对立

的模拟，否则任何一个环节都将被打破，而这只是象征性和正式的。

共同体的理念，或至少是政治共同体的理念，必须同两个陷阱或两种剥离形式保持相等的距离：一是由共同体的共融转换而产生的结果，这往往会抹去一个可能的交流的极点；另一是从社会的雾化中表现出来的、部分的、分散和不协调的结果。将多样性融合成一个实体的幻想与在社会原子化和社会服从中消解政治联系的想法是相互对立的。同理，一个分离的社会与一个融合的社会也是对立的。但是，这两种政治和社会形式的共同体分拆，实际上是同一个共同体观念的正面和反面。共融的向心形态伴随着不团结的离心形态。这是相同的共同体理念，它同时引发了连接和分离的意象，揭示了散落碎片（disjecta membra①）的寓意。根据圣保禄②的说法，"我们都是在基督

---

① Disjecta menbra：在拉丁语中的意思是"散落的碎片"（也是散落的肢体，成员或遗骸），用于特指古代诗歌、手稿和其他文学或文化物品的幸存片段，有时包括古代陶器。——译注
② 圣保禄（Saint Paul）：约 3—约 67 年，早期教会最具影响力的传教士之一，基督教的第一代领导者之一，被奉为外邦的使徒。他在整个罗马帝国的早期基督教社群之中传播耶稣基督的福音。——译注

里，我们是彼此的成员"，这与明尼纽斯·阿格里帕①（Menenius Agrippa）的肢体和胃的寓言故事的道理是相同的。在一个有机社会的背后，正如雅克·朗西埃（Jacques Rancière）所指出的那样，分裂的状态从来没有被超越。②整合共同体的过程有严格的分工和隔离，不是简单的叠加和集合。在离心运动中自我逆转的向心运动，回应了使公民成为一个统一体的、相同的、机体论范式的要求。

把公共空间作为一个有区隔的领域来看，就要承认它同时具有某种社会形态和政治体制，二者倾向在同一个运动中化解共同体的融合趋势以及共同体预设的社会机体论的表征方式。但是，我们知道，这在共同体中标注了类似不甚被认同的东西，将其置于爆裂和散落的风险之中。政治社会不再被认为是共同体，而只被视作原子、粒子的简单聚集。对于公共空间与共同体啮合的思

---

① 明尼纽斯·阿格里帕（Menenius Agrippa）：死于公元前493年，是一位罗马共和国时期的贵族，公元前503年罗马共和国的领事。——译注

② RANCIÈRE, Jacques, *Aux bords du politique*, Paris, Osiris, 1990.

共同空间或公共空间？共同体与公开性之对立

考，就是要在间距或间隔中，抓住那些可以将关于社会和政治共同体的理解从机体论中解放出来的东西，同时还不会剥夺共同体的联系，因为这方面的不足或将使其解体。简而言之，就是将它从掌控其表征方式的向心/离心空间范式中解放出来。

一个屋檐下的人家或城市

关于共同体的现象学分析应从亚里士多德的政治分析的基本原理中得到启发，他在著作《政治学》头几行就言及城市（Koinonia[①] politike）同一些与其有渊源的其他共同体形式的不同不仅仅是空间上的差异，更是性质上的差异，而如果从遗传角度来看，城市是一个自然发展的结果，从家庭（oikia）发展到村庄，这是家庭或群居

---

① Koinonia：希腊词汇，意思是共融，共同参与；它确定了在基督教会内应该存在的理想化的团契和团结状态。——译注

(apokia)的延伸,最后发展到城市(polis①),共同体是由群体的聚集而产生的;在这层意义上,以其前身的构建成分而言,城市的诞生不纯粹是自然的产物:它本质上是一个人文的建制,不同于组成它的那些共同体的序列。城市的目的不是为了满足需要,而是为了建立一个严格的政治公共空间的制度:摆脱自然的必需品。如果家庭共同体的成员可以被称为亚里士多德所说的同伴(homosipuous:那些分享同一个面包的人)、经常共餐者(homokapous:那些常在同一张桌子上用餐的人)和群居的成员——被同一个女人的乳汁喂养的孩子(homogalaktas),城市的成员们就摆脱了对自然和天性的所有依恋,摆脱了在生活必需和异质起源方面与想象的共同体的全部联系。在城市的建立过程中,一个本质上属于人类政治生活组成的共同体,在其自然成因方面是一种断裂,共同体相当于一个公共空间的建制,从起源

---

① Polis:这个词是指城邦(例如雅典)。在 J. P. 韦尔南看来(《希腊思想的渊源》,巴黎,法国大学出版社,1962年),城邦的发展经历了三个阶段:推广重要的政治言论,宣传社会事件和精神创作,在被定义为平等的公民之间建立横向社会联系。

共同空间或公共空间？共同体与公开性之对立

上就不是共同的，它应该在没有天然的共同空间的前提下，描绘某个可能的共同体的各种条件。根据界定，政治联系不再只是与共同哺养者的联系而是与同伴或与共餐者的联系。在一个完全人性化的制度下，这种联系只能是政治公民权意义上的联系，是基于平等规则（isonomia①）的非自然原则，它只有通过建立一个公共空间制度才有意义，作为一个原则问题，起源的共同空间必须是缺失的。这就是政治（politikos②）本身陷入了不同性质的原因，这也是具有统治地位的天赋人物，如国王（basileus）、一家之主（oikonomos）或支配者（despotes）等的看法，因为这些人物反过来也对共同体的其他形式产生影响。政治公共空间原则上都屈从于来自共同体个体经验的自然形态的统治霸权！③

家庭的民事延伸，被亚里士多德称为群体

---

① Isonomia：指的是平等法则，在雅典民主中，所有公民的平等都与法律相关。
② Politikos：希腊词汇，"城市"的意思，它是"政治"一词的词源。
③ 私生活具有特异性，是一种"个人的"生活，因为它是私人的而不是社群的——它呈现在围绕着私域（oikia）概念来组织的共融家庭（koinonia）中，但具有城邦内在的公开性。

——"政治性"群体,而被帕托什卡[1]称为帝国。帝国的或群体的"政治"实际上只是一个把世界理解为一个大家庭的广义的齐家之道(oikonomia[2]):把自己保持在私域(oikia)之中,即维生和私人支配的领域之中,并早早就拒绝了与家庭生活的断裂——这种家庭生活既在摆脱了家庭经济的公共空间范畴中,但又具有政治生活的开放性。帝国的或群体的"政治"及其现代化身——帝国主义与殖民主义,是基于邻家的共同体空间扩张模式来设计的政治共同体。它总是融合的,因为政治共同体寻求避免无限定(apeiron[3])和

---

[1] Patocka, Jan, 《L'espace et sa problématique》, in *Qu'est-ce que la phénoménologie*, traduction franc,aise Erika Abrams, Grenoble, Jérôme Millon, 1988.

[2] Oikonomia:希腊文字,"经济"一词的词源。但在当时,Oikonomia 表示私人领域(oikia)的管理,这是由妻子领导、由奴隶维持的,与自由男人进行活动的政治公共空间相反。

[3] Apeiron:意思是"无限定"。在希腊哲学中,"无限定"可以被表达为"没有得到任何规定性",是世界诞生及治理的本原。"无限定"本身保持所有的对立面(热/冷、明/暗等),它消除了所有形式的区别。在文中,apeiron 和 polemos 之间的对立指的是威胁社区/社群/共同体的两个现象:模糊(社区/社群/共同体)和冲突(其他社区/社群/共同体的破坏)。

共同空间或公共空间？共同体与公开性之对立

战争（polemos①）。它是按照生命扩张的原则来发展的：它试图把自己化身为与其保持接近性的共同体。但是，它倾向于在没有连续性的情况下，将家庭的原始核心空间化，以减少对方的陌生感，拒绝任何因其天生的不确定而不完整、具有无穷有限性的开放，简而言之，就是占满整个空间，以便去除共同体以外所有的东西，将其合而为一地包容在共同体之内。

我们不能从基因上派生出原始共存状态的政治共同体或公共空间，这意味着公共空间这种创建公共场景意义上公众的空间形式，既不能被理解为一个私人空间的简单延伸，也不能被理解为一个共同空间的简单表达，在这个具有一致的邻近度的空间中存在着包括我、你、他在内的初始性现象学②矩阵，或存在着包括夫妻、家庭、群体关系在内的初始性政治学矩阵。

---

① Polemos：在希腊语中是"战争"的意思，它是"争议"一词的词源之一，见 Apeiron。
② 现象学的（Phénoménologique）：从现象一词衍生的形容词，哲学思想学派认为现象（意识到的东西）是事物本身的表现（而不是在理想主义哲学传统中明显无法理解事物的敏感表现）。

间隙空间和公共场所

为了掌握公共空间的特征，我们必须中止公共空间的某种再现方式，而从主体或与己相关的立场出发，来定义以自我为中心的空间，或一个以民族为中心的空间，但这只是以共同体为形式的第一个模式的延伸：兄弟姐妹或家乡的空间。重现向心/离心范式，再现的空间总是以距离来设想：政治共同体的问题总是受近和远、恰当和不恰当、本土的和外来人的方式来指导。简而言之，以偏离某一特定中心的方式来衡量，公共空间应作为一个恰当的、真实的、原生的或自然的地方。

当空间不再是共同的，当空间不再是一个趋向邻近的共同体时，它就是公共的。所以我们必须明白，公共空间不是驯化，也不是将因距离而分开的东西合在一起的去远化（dé-loignement），而是相反的，就像汉娜·阿伦特（Hannah Arendt）所说的那样，在人与人之间（inter homines est），是那些使个体处于彼此分离、使个体处于互为外在状态或使个体处于集体的外在状态

共同空间或公共空间？共同体与公开性之对立

的事物。① 总之，领域被想象成一个邻接的区间而不是距离的联系。领域不再是延伸的，而是全套的、连接在一起的区隔或者是粘连的分离器。问题并不是分离的距离，而是分离中结合的纽带。从某种意义上说，公共空间中常见的是我们相互关联，从那里我们得到自己的间隔维度。

空间的这种形式从无到有：城邦（polis）是其体制，没有包容也没有融合的间隙体制。由于原来的多元化（政治条件，没有它的只有家庭和国内经济事务），我们可以说是一个多中心的空间。但是，我们必须认同，这个空间不是一个数学抽象而是一个具体的拓扑结构。它不仅仅是一种几何的隐喻，也是一种对各种场所的思考。如何来构想公共空间，或将它视为托普之地（topos② des topoï）？这是否意味着我们必须将一个现实空间与一个几何空间对立起来、将一个具象空间与一个抽象空间对立起来？毫无疑问，答案不是这样的。然而，空间的表述指的是一个公

---

① ARENDT, Hannah, *Essai sur la révolution*, traduction française de M. Chrestien, Paris, Gallimard, 1967.
② Topos（复数 topoi）：希腊词汇，意思是"地方"。

有区域，只要不把这一表述缩减成法律词汇，或者至少不把它缩减成辞源学严格意义上的（土地所有权、住所、所有者等的）私有结构。言及区域，是指通过某个多样性地方的象征机制界定的、复数意义上彼此啮合的地方，即所有标注了多样性的"共同的地方"——基于共同体的视角，当原则上拒绝最终交流时，没有建立或未被注明存在任何的共源的地方。对于本体多样性的原始侨民族群来说，在抹不去几近消失的距离的情况下，需要建立一个有限的共同体，将不同的共同体捆绑在一起。但是，这种建制要求有一个地域化的形态。这为需要澄清的问题开辟了一种新的理解思路，但不再在领域与共同体的关系中，而是在公有空间与共同世界的关系中，这方面的可能性前提是存在的。

公有区域和共同世界体制

所有的共同体都是在从私人的、奇特的、特质的世界经验的基础上发展起来的，而且都是根据多少有点特殊的模式来表述的。所有的这些表

共同空间或公共空间？共同体与公开性之对立

述都以"doke moï"的形式呈现,即以一个"在我看来……"的形式来呈现,在相关的言语描述中,特性构成了一个可能的共同的视野。对于在特定世界组成的共同体的基础上发展起来的某个特定世界,"doke moï"成为其系统的阐述。相关见解早已把个人(idion)① 和共同(koinon)啮合起来。不是说设想的世界同时也只是作为特定世界的整体,就像地平线的视野。但是,这个特殊性只能作为世界的水平线。"共同世界"并不意味着特定世界的共同视域,而是意识行为的简单相关。相反,这是一种存在方式(l'être-au-monde)的重要特征,如果没有这种特征,任何见解或任何具有特定见解的共同体都无法描绘出世界的形态,哪怕是某个独特的世界形态。从现象学的视角出发,共同世界是不可减少的。但是它既不是自然的,也不是天生的。我们不是在这个世界上诞生的:我们只是出生在某个世界,前提是并不存在一个涵盖所有世界的世界。

---

① Idion/Koinon:除了私人生活外,希腊城市的出现赋予了人类第二生命——政治生活("bios politikos")。因此,出现了什么是属于每个人(idion)和什么是属于公民共有(koinon)之间的对立。

在某种程度上，托普（topoï）——我们的隶属关系和我们用话语表达意义的共同地方，描绘出了"doke moï"的不同说法所传达的世界各种形态的交织：一个交叉；由这个词所代表的特定世界的特定经验：在这个交点上，产生一个共同的世界。阿伦特说，世界是作为一个共同的世界存在的，只要它是对话的主体，这个对话的目的就是它的思想和语言本身。[①] 但是，如果任何一个共同体已经加入共同世界为形态的世界的共同体，这个共同的世界从来没有表现出共同之处来。换句话说，每个人总是属于一个或多个特定的世界，这些世界与时间化和空间化的体制有所不同，而且从未涉及。正如帕特库卡所说，没有自然的世界，只有生活世界（Lebenswelt）[②]，后者具有差异性和不可分割的历史性。一个总是在生活世界的不同历史性中展开的世界的矛盾表明了公共

[①] ARENDT, Hannah, *Essai sur la révolution*, traduction franc,aise de M. Chrestien, Paris, Gallimard, 1967.

[②] Lebenswelt：德国哲学术语，可翻译为"生活世界"。这是我们日常的、具体的世界，我们的经验世界，我们的主观现实。对于哈贝马斯来说，在生活世界中的行为是面向相互理解交流（他曾论及"交流行为"）；而国家体制和经济体系则是朝着成功的方向发展的（他谈到了"工具行为"）。

共同空间或公共空间？共同体与公开性之对立

空间思想的意义及其政治利益。①

世界是共同的，但前提是得在象征性的言语中、在托普的啮合中、在演讲和公共场所的象征性创建时，通过不同语言的相遇和相配，言语变得可能与合理，世界共同体之不可分割的差异得以标记。按照行动的顺序，这个象征性的建制也必须被理解为一个公共空间的政治体制，在这个体制中，现实世界和彼此认识对方的特定共同体都一起加入了。只有以连接所有为了"共同生活"而非为了"合而为一"特质的地点——区间公共空间为形式，通过托普之地（topos des topoï）创建，各种共同体的多样性才能成为具有多样性的共同体。如果我们指的是共同的领域，公共空间就不能只是一个普通的空间。如果我们一起思考世界的现象特征，就像我们所看到的那样，以及我们所理解的多元化的基本维度，我们就能明白公共比我们看到的共同更少。公有区域就是这个可见性的空间，是世界的外表所在，而不是世界上所不存在的地方，否则它就不能称为一个共同

---

① PATOCKA, Jan, *Essais hérétiques*, traduction franc,aise de Erika Abrams. Paris, Verdier, 1981.

的世界。因此，政治"共同生活"的最终意义不能从共同生存问题，即共同体问题角度来把握，而是要从众生共同的外观问题，即城邦问题、公有区域可见性的问题角度来把握。

从政治角度来看，也就是说，从对思想的政治意义的真正理解中，我们必须认识到，共同性只是人类的共同表现。这显然是一个基本的本体论地位。正如汉娜·阿伦特所写的："在人类的事务上，存在和外表实际是一回事。"① 与世界的现象维度相对应的是政治的现象维度，这并不意味着我们注定就是表象，因为我们将被绑定到真实性上。共同体的思想与真实性的主题相关，因为共同体质疑了其每个成员自身的身份与共同体中他承认的身份之间的关系，而公共空间的思想拒绝对真实性的追求和不真实外表的谴责。存在和外表实际上是一回事，这意味着政治以公共可见度的形式展开，作为一个原则问题，通过这种政策与亲密动机、个人意图、私人信仰、忏悔或文化参与的编织，确认和表达自己特定世界的共同

---

① PATOCKA, JAN, *Essais hérétiques*, Traduction franc,aise de Erika Abrams. Paris, Verdier, 1981.

共同空间或公共空间？共同体与公开性之对立

体。但是这也意味着这些共同体原则上仍然是公共空间的外在因素，对它们来说这不能构成一个更高阶段的、投资的、占用的或者共同体认同的地方，而这些地方往往会融入所有特定的世界的共同体并成为一个整体。因为政治共同体不是社会原则的更高权力的重叠。如果共同体在定义上是同质的，那么公共空间在定义上就是异质的。公共空间是不确切的；从这个意义上说，只能说是"共同的"。但是，如果公共空间不能与共同空间相混淆，那么共同体原则就可能会侵入公共空间，甚至破坏公共空间。因为它只能通过霸权的、帝国的方式达到殖民的目的。那么，在无可选择的同时，特定世界的一个共同体通过自己的定义将信念和价值秩序强加于公共空间，无论这些信念和价值是什么，它们都会自以为是地将这一区域服从于真实性的标准，从而毁掉公共空间最基本的不确切性及其构成的异质性。

公共空间永远不会成为信念的一面，而总是处于众多公共判断中的一面。城邦要求公共空间和公民的制度如同法官一般存在，就像它要求公共场合和公民的制度作为演员一样。能见度是政治行动的唯一标准。公开性——而不是共同体，即政治原则，事实上意味着政治行为和共同生活的意义不是按动机、按私人定义、按折扣结果、按不可预测的定义来评估的，而总是基于所说的话和所公开实现的行为的视角，来接受公众的判断。政治问题不是共同物品的问题，而是公共物品的问题。或者再说一遍：在政治上，只有公共物品才是共同物品。

什么是公共物品？我们必须在这里重新察看公共空间与共同世界的啮合。公有领域不是共同世界。但是在共同世界中，领域是有意义的。我们必须明白，城邦——公共空间建制的可能性完全取决于共同世界。同时，只有这个领域的制度才能成为一个共同的世界。只有在公有领域条件下，这个世界才是普遍的。这个神秘的循环可能就是政治共同体的意义。它表明，任何政治——任何被存在的共同外表无限更新的，被它们的公示空间无限更新的自我制度命令的人类活动——将世界视为一个条件和一个挑战。它能理解什么使得人与人之间出现一个共同的世界，不管是给它一个地方，还是更确切地说，让它发生。政治就是这个世界发生的工具。不局限于任何特定社区的公共物品，不能包含对所谓的共同体特征的肯定和保护：保留了外观和可见性的政治领域催生一个共同世界。自由、平等和正义是这种可能性的前提。

在这个意义上说，任何政治都是"宇宙"的政治，即所谓的世界政治，这不是在人际关系层面或全球社会制度层面的世界化（这仍或将服从共同体的原则），而是在所有共和国都是共同世界之地的意义层面上的世界化。但这意味着共和国是共同世界的地方。这也是在某些"政治"看来，不再有共同世界、不再有属于我们或我们所属的世界之缘由。因此，殖民政策或帝国"政治"，是一种共同体文化，而不是公开性政治。汉娜·阿伦特还教给我们，集权制度或专政制度中的公共空间的消解实际上是对共同世界的破坏，是将人类从所有土地上根除的颓败举动，从而，通过取消世俗间隙和公共场所消除人类的联系。[①] "宇宙政治"拥有从社区幻想带来的对共同世界的否定，拥有恢复国家身份、种族、文化或受到威胁的教派的幌子，以多元融合有机体的名义破坏公共空

[①] PATOCKA, Jan. *Essais hérétiques*, Traduction française de Erika Abrams. Paris, Verdier, 1981.

间。那些仍然具有威胁性的举动应该让我们认识到，公共空间既不是形成共同存在的地方和方式，也不是共同体身份认同的原则。公共空间是一个共同生活的地方，它连接了多个特定的共同体，它使得现实世界获得了政治的可见度，并且在它们的间隔和相互关系中保持着共同的地方，它赋予了一个共同世界的生命。

作者：艾蒂安·塔森[①]（依据其1992年发表于《赫尔墨斯》第10辑上的论文《不同公共空间、传统及共同体》）

[①] 艾蒂安·塔森（Etienne Tassin），哲学教授，供职于巴黎狄德罗大学（巴黎七大）政治实践与政治呈现社会学研究中心。

图书在版编目（CIP）数据

公共空间/（法）埃里克·达舍等著；刘昶，何爽译.--北京：中国传媒大学出版社，2021.6
（指尖精粹：法国新闻与传播学辑要译丛）
ISBN 978-7-5657-2965-2

Ⅰ.①公… Ⅱ.①埃… ②刘… ③何… Ⅲ.①公共管理—研究 Ⅳ.①D035-0

中国版本图书馆 CIP 数据核字（2021）第 118705 号

L'espace public, sous la direction d'Eric Dacheux, ©CNRS éditions, pour la version française, 2008
ISBN：978-2-271-06720-3

《公共空间》，埃里克·达舍等著，©CNRS 出版社，法文版，2008 年。
本书简体中文版专有出版权由 CNRS 出版社授予中国传媒大学出版社，在全球销售。未经出版者书面许可，不得以任何形式抄袭、复制或节录本书中的任何部分。
北京市版权局著作权合同登记图字：01-2021-4274

公共空间
GONGGONG KONGJIAN

著　　者	[法] 埃里克·达舍 等
译　　者	刘　昶　何　爽
策划编辑	陈　默
责任编辑	张　蕊
封面设计	风得信设计·阿东
责任印制	李志鹏

出版发行	中国传媒大学出版社
社　　址	北京市朝阳区定福庄东街 1 号
邮　　编	100024
电　　话	86-10-65450528　65450532
传　　真	65779405
网　　址	http://cucp.cuc.edu.cn
经　　销	全国新华书店
印　　刷	三河市东方印刷有限公司
开　　本	850mm×1168mm　1/32
印　　张	4.5
字　　数	77 千字
版　　次	2022 年 1 月第 1 版
印　　次	2022 年 1 月第 1 次印刷
书　　号	ISBN 978-7-5657-2965-2/D·2965
定　　价	28.00 元

本社法律顾问：北京李伟斌律师事务所　郭建平
版权所有　　翻印必究　　印装错误　　负责调换